Fit for life – Literaturpreis (Hg.) · Sucht-Aus-Weg

1. Auflage 2023
BUCHER Verlag
Hohenems – Vaduz – München – Zürich
www.bucherverlag.com

© 2023 Fit for life – Literaturpreis
Alle Rechte vorbehalten

Mitherausgeber: Stiftung Anton Proksch-Institut Wien
Gestaltung: Gorana Guiboud-Ribaud
Herstellung: Jelgavas Tipogrāfija, Lettland

ISBN 978-3-99018-650-3

Fit for life – Literaturpreis (Hg.)
Stiftung Anton Proksch-Institut Wien (Mithg.)

SUCHT AUS WEG

Ein Preis
für den Weg
aus der Sucht

BUCHER

Inhalt

Vorwort 7

PreisträgerInnen 2018

Ali Al Taiee – *Georg* 13
Claudia Bitter – *Nicht in mich heineinschauen!* 19
M. L. – *Tagebuchauszug vom 14. Juli 2017* 31
Markus Reischl – *Tage* 45

PreisträgerInnen 2019

Martin Pritz – *Ostende* 63
Uli Klepalski – *Ein Kater und eine Schlange,*
   die sich in den Schwanz beißen 79
Helga Futter – *Anleitung für eine Nacht im Gefängnis* .. 97

PreisträgerInnen 2020

Martin Weiss – *Leb wohl, bequemes Elend* 107
Ulrike Ajili – *Kann ich mir bitte ein Gefühl*
   ausborgen? 121
Heinz Achtsnit – *sei nicht stolz, mein junge,*
   sondern dankbar! 133
Barbara Rieger – *Neunzehn* 149

PreisträgerInnen 2021

Gabriele Müller – *Der Passant* 167
Uli Klepalski – *Brief an den Weihnachtsmann* 171
Verena Posch – *Auszüge aus dem Tagesablauf
    einer Alkoholkranken* 183
Andreas Kleinhansl – *Trinker*. 195

PreisträgerInnen 2022

Heinz Achtsnit – *Harmonie- und Trunksucht* 201
Inanna – *Phönixia aus der Asche* 215
Martin Weiss – *A gfäuda Dog*. 223
Ali Al Taiee – *Cola-Rot* 235
Rudolf Krieger – *Als ob du da warst, sehe ich
    in den Tag*. 253
Rudolf Krieger – *Am Abend füllt die Nacht
    ihre Sprache auf* 254

Danksagung 256
Anmerkung der Herausgeber 258
Der Verein Grüner Kreis – *die Wichtigkeit des
    kreativen Ausdrucks in der Suchttherapie* ... 259
Der Verein und der Preis. 260

Vorwort

Sucht ist kein Unfall – man stürzt und hat sie. Der Weg in die Sucht ist höchst individuell, der Verlauf vielgestaltig und von vielen Faktoren geprägt. Innere Faktoren wie die Veranlagung, seelische Bedingungen und Entwicklungen und genauso äußere Faktoren wie Kultur und Gesellschaft spielen eine Rolle.

Ebenso unterschiedlich sind die Lebens- und Erlebenswege in der Sucht; es dauert meist lange, bis die Betroffenen das erkennen. Noch länger brauchen sie oft, um sich wieder auf den Weg aus der Sucht zu machen.

Eine der wesentlichsten Momente dafür ist die Erkenntnis und das Eingeständnis, auf welchem Weg man da überhaupt ist. Das gibt erst dann die Möglichkeit, genauer hinzusehen, wo die Fußangeln und Stolpersteine, die rutschigen Stellen und die vielleicht hilfreichen Trittstellen und Geländer sind.

Für viele ist der Weg in die Sucht ein Ausweg aus einer unerträglich scheinenden (Er-)Lebenssituation, eine letztlich schädliche Möglichkeit, sich von Schmerzen, Ängsten, starken Gefühlen und Frustrationen fernzuhalten. Die Verleugnung, diesen Weg gewählt zu haben, macht es noch einmal schwerer, die Richtung zu ändern.

Umso bewundernswerter, wenn es Menschen gibt, die sich und auch der Umwelt eingestehen können, dass es Wege gibt, die auch wieder aus der Sucht herausführen, die sich zu erkennen geben und auch bereit sind, zu zeigen, welches schöpferische Potenzial in ihnen liegt.

In sich wieder die Freude an schöpferischer Tätigkeit zu finden und sich selbst Ausdruck zu geben, hilft dazu, sich seinen Platz im echten Leben zu finden.

Aus diesem Grund hat der *Fit for life – Literaturpreis für Suchtkranke* als Eintrittsbedingung nicht nur die Einreichung eines literarischen Werkes, sondern auch die Vorlage einer Behandlungsbestätigung als Beweis, sich zumindest einmal mit professioneller Hilfe mit der eigenen Suchtproblematik auseinandergesetzt zu haben.

Zum fünften Mal konnte der Preis 2022 vergeben werden, insgesamt 21 Texte wurden prämiiert. Diese werden hier vorgestellt.

Wir hoffen, dass diese Anthologie noch mehr Menschen dazu ermutigt, ihre Suchtproblematik nicht schamhaft zu verschweigen und dadurch der Auseinandersetzung damit zu entgehen. Das kostet auf längere Zeit gesehen viel Kraft. Die durch die Akzeptanz der Realität frei gewordenen Ressourcen können dann nicht nur in Preisgeld, sondern auch in Kreativität und Lebensfreude umgemünzt werden.

MR Dr. Harald David
Mai 2022

Fit for life – Literaturpreis

PreisträgerInnen
2018

Ali Al Taiee – *Georg*
Claudia Bitter – *Nicht in mich heineinschauen!*
M. L. – *Tagebuchauszug vom 14. Juli 2017*
Markus Reischl – *Tage*

Georg

Ali Al Taiee

Der Griff ins Regal, zwei Flaschen Wein. Kurz das Halten und dann doch die Feststellung, es wird nicht reichen. „Zurück, Morgen ist Sonntag", sagt er sich ... Mindestens einen Doppler, nein, zwei, hinein in den Einkaufswagen, dann der Rest, ein paar Bierdosen, eine Doppelliterflasche Cola. „Samstag und die Menschen haben es eilig, genau wie gestern", denkt sich Georg, als er seine Getränke aufs Förderband legt und sich sagt, ob die zwei Doppler überhaupt reichen werden. Hinter Georg eine junge Frau mit Sommersprossen im Gesicht, ungefähr in seinem Alter, ein bisschen jünger, rötliche Haare, so wie sein Bart. Das Förderband geht weiter, die junge Frau hat nur Erdbeeren in der Hand und eine Flasche Sekt. Die Doppler, das Bier, die Flasche Cola und gleich dahinter die Erdbeeren und die eher zarte Sektflasche, so zart wie die Frau, so gepflegt. Artikel für das Wohlbefinden am Wochenende. Die Frau an der Kassa weiß es ein wenig besser, kann gut unterscheiden und lacht. Schon als sie die Doppler, die Dosen Bier und das Cola sieht, denkt sie: „Da sauft sich wieder einmal einer an. Was für ein schöner Kontrast zu den Erdbeeren und der lieben Flasche Sekt", lacht weiter und sagt sich: „Kommt auch nicht immer vor, die Schwere des Trinkens und gleich dahinter, Artikel zur Freude."

Georg bezahlt und geht nach Haus.

Doppler rechts und links, dazwischen das Glas, steht auf dem Tisch, Georg in seiner Wohnung. Unten am Boden, die vorgekühlte Flasche Cola und das Bier. Georg ergreift die Lust, die Doppelliterflaschen an Wein zu berühren. Die Hände fahren über die Form. Das alltägliche Ritual kann beginnen. „Könnte man sich das nur sagen, so gemeinsam", sagt sich Georg. „Ich und das Alkoholische, wenn es auch denken könnt, mit mir zusammen."

Aber vorerst, die Aufwärmrunde, das Bier. Zur selben Zeit, die Frau mit den Erdbeeren, sie ist in ihrer Wohnung und wäscht die Früchte, sie hält sie unter die Wasserleitung. Die Hände berühren das Rote, fast wie bei Georg bei den roten Dopplern. Hier aber ein sehr sanftes Berühren der Erdbeeren, durch sanfte, zarte Hände, wohliges Empfinden, mit einem lustvollen Lächeln, Gedanken bereits nach vor, für die Vorahnung eines angenehmen Treffens. Auch Eiscreme ist in Vorbereitung, aus der Gefrierlade genommen.

Georg trinkt die Dosen Bier, eine nach der anderen. Hin und wieder ergreift ihn die Lust, eine bereits leere Dose mit einer seiner starken Hände zu zerquetschen. Sie kugeln herum, die Dosen, haben keine Bedeutung mehr für Georg, der erste Durst ist bloß ein Auftakt auf mehr. Die Flaschen Rotwein werden geöffnet, brav wird hineingeschenkt, so halbvoll, dann das Cola. Cola-Rot ist so eine Art Limonade für Trinker, man trinkt schnell, ein geselliges Getränk, nur wenn man alleine trinkt?

Es läutet an der Tür, es ist der Freund, er war auch schon gestern hier, da ging man aus, war man gemeinsam im Kino. Heute ein netter Abend zu zweit. Da geht's natürlich wieder um die junge Frau aus dem Supermarkt. Sie serviert auch gleich das Eis mit den Erdbeeren, gemütlich macht man sich's. Einer füttert den anderen und lachen tut man dazu, als wären sie gefährliche Tiere, bis alles aufgegessen ist, so füttern sie sich gegenseitig. Ein Fernsehabend mit Videofilm ist angesagt, ein Horrorfilm soll es werden.

Georg hat einen Doppler erledigt, er sieht sein Antlitz, es spiegelt sich im grünen Glas der leeren Flasche. Für einen Augenblick dachte er, Georg der Trinker wäre da drin und ein anderes Ich seiner selbst wäre ganz weit weg. So kommt ihm ein Schrei: „Georg, hilf mir! Georg, hilf mir!", ruft er.

In der Wohnung der jungen Frau, da wird auch kurz geschrien, der Horrorfilm tut es den beiden an, eine Belustigung. Georg jedoch steht auf und geht ins Bad, stellt sich vor den Spiegel, jetzt sieht er sich wirklich. Viel helfen tut es nicht. Er bleibt dabei: „Georg, hilf mir!" Gleich darauf fällt er in ein Gelächter, er lacht sich einen an, könnte man fast sagen, die zweite Flasche muss aufgemacht werden, wie auch zur gleichen Zeit der Korken der Geselligkeit zu Boden fällt. Die Sektflasche ertönt, gab dem Pärchen vorm Fernseher die Sinneskraft, die man für so einen Samstag braucht.

Bei Georg fängt das Schwergewichtstrinken erst an. Er hat seinen Durst nicht gelöscht, schon gar nicht so wie der Georg, der dem Drachen sein Feuer nahm und so auch die Angst löschen konnte. Die Angst Georgs, die war nicht ertrunken, oder getrunken, oder gar gelöscht, die war unsichtbar. Vielmehr war sie in ihn hineinverschwunden, nicht zu erkennen. Selbst in der Stille seiner Wohnung spürte er sie nicht wirklich. Nur hier und da versuchte er den Kontakt mit seinem Inneren. Die Therme sprang an, in der so stillen Wohnung war das schon ein großes Ereignis für ihn. Georg sprach mit ihr, führte so seine Dialoge. Die stillen Mauern waren ihm schon zu vertraut. Er erreichte eine, sagen wir, andere Kategorie an Menschsein, ein gewünschter Zustand war erreicht, der Alkoholspiegel gab ihm das gewollte Zeichen. Jedes neugefüllte Glas war ein neues Rendezvous, das gab dem Trinken eine echte Bedeutung. Freudig blickt er auf sein volles Glas, um sich dann wieder davon verabschieden zu müssen, aber auch nur deshalb ausgetrunken, um das nächste willkommen zu heißen.

Ein Nicht-sterben-zu-Wollen. Ein Sich-nicht-verabschieden-Können.

Es gab Zeiten, in denen Georg den Alkohol ehrte, ihn als etwas Besonderes sah und dementsprechend nur für besondere Ereignisse zu sich genommen hatte.

So wie jetzt zum Beispiel bei dem Pärchen, die zwei Filmeschauer, sie waren im Bad, sprangen in die Badewanne, liebkosten sich mit ihren Beinen, stießen aneinander und drückten sich wieder weg, spielten wie kleine Kinder Lokomotive und tranken den Sekt.

Der Sekt war eine Nebensache.

Georg hielt die Flasche in der Hand, Cola gab es keines mehr, so hielt er die Flasche beim Hals und erinnerte sich, wie unberührt er es selbst in einer Hochschaubahn einmal tat, während die anderen vor beglückendem Adrenalin schrien, war er ganz ruhig geblieben. Es war ihm, so eine berauschende Fahrt, nicht viel wert. Bis auf das Looping in der Bahnfahrt, da holte er seine Flasche rechtzeitig heraus – in der Drehung der Bahn, da trank er aus der Flasche, hielt sie fest an seinem Mund, die ganze Umdrehung durch, das war für ihn eine Art Festakt. Genau am obersten Punkt, da ging es nicht anders, der Alkohol zog sich in die Flasche zurück, war sie doch nach unten gerichtet. Und dann, weiter in der Drehung, kam die ersehnte Flüssigkeit wieder zurück, zurück in den Körper, fast wie ein Speiben und dessen neuerliches Schlucken war es. Nachher lachte er sich blöd, bis zum Aussteigen. Jetzt, in der Wohnung, würde er es dem gleichtun, fiel mit der Flasche zu Boden und wie ein niedlicher Hund wälzte er sich am Boden, nur halt mit der Flasche am Mund, so immer weiter trinkend. Letztendlich reichte es trotzdem nicht, er musste zum Würstelstand, dort am Gürtel, wo nur Autos herumkurvten, gab er sich mit Leuten seiner Gewichtsklasse den Rest, um endlich dann ins Bett zu fallen. Am Rückweg sagte er nur: „Ich hab's ja gewusst, zwei Doppler reichen eben nicht." Und dann sagte er es wieder: „Bitte Georg, hilf mir." Ob er da wohl den kleinen Georg, der in ihm wohnte, auch meinte, oder war es gar Spaß. Immer nur Spaß?

In der Wohnung des Pärchens, da war längst schon das Bett angesagt, ein wildes Treiben, so wie man sich ein Leben eben vorstellt, ein großes Vergnügen. Ab und zu ein Bremsen, auch aus Atemnot, für ein gegenseitiges Befragen, wie es dem anderen geht, und Fragen über Zukunftspläne, schnell hingesagt, halbherzig beantwortet.

Dann schlief man mit Georg ein.

Da waren alle drei zusammen, in einer bestimmten Weise zusammen. Der gemeinsame Moment.

Am nächsten Tag ging Georg spazieren, und das tat auch das Pärchen. Ihre Wege kreuzten sich. Kurz gab es einen fixierenden Blick von der jungen Frau auf Georg, doch schaute sie gleich wieder weg. Georg dafür erkannte die Frau, wusste plötzlich, woher er sie gesehen hatte. Und jetzt spürt er die Erdbeeren, den Blick aus dem Supermarkt, gleichzeitig der Blick auf die beiden, und nochmals die Gedanken zu den Erdbeeren. Und dann ein ernster Blick von Georg für seine große Freiheit von gestern. Auch er hatte einmal eine Freundin, es ist schon zu lange her, um sich auch nur ihren Schatten am Boden, neben seinem eigenen, vorstellen zu wollen. Eine Arbeit hatte er einmal auch, eine Zukunft, dachte er und sagte es sich vor: „Eine Zukunft."

Doch jetzt wäre er frei. Der freieste Mensch auf Erden. Aus diesem Grund sprach ihn auch niemand mehr an. Ein Kerker kam seinem Leben nicht gleich. Ein Kerker ist ein Ort der Verdammnis, sehr ähnlich zu seiner Wohnung. Aber seine Wohnung, in der ist er freiwillig, es ist schlimmer als ein Gefängnis oder Kerker. Freiwillige Freiheit, danach schien er zwanghaft streben zu müssen, er sein ganzes Leben, jetzt hat er die Konsequenzen daraus zu ziehen. Eine Freiheit voll Einsamkeit. Freiheit bedeutet: Einsamkeit akzeptieren. Wie oft wird er sich das sagen, dachte er auf der Straße.

Die Menschen gehen dem freiheitsliebenden Unmenschen aus dem Weg. „So beginnt es und es zieht sich immer weiter fort", war sein letzter Gedanke.

Nicht in mich hineinschauen!

Claudia Bitter

Keine Spucke im Mund, völlig ausgetrocknet, und meine Zunge so schwerfällig, ein metallischer Geschmack, nicht die Augen öffnen. Spüre mich atmen, ich lebe, lebe noch, immer noch, warum? Neben mir ein Gemurmel, da spricht jemand. Schlafend stellen. Fingerkuppen berühren einander, ich lebe noch, spüre meinen Körper, ist nicht gestorben, ist noch am Leben. Kühler Stoff auf meinen Händen und Armen. Nicht bewegen, auf keinen Fall sprechen. Es ist ein Beten neben mir: „Heilige Maria, Mutter Gottes, vergib uns … wie auch wir … im Namen des Vaters …" Eine Leier, wie bei der Totenfeier in der Kirche, es ist keine Totenfeier, kein Begräbnis. Warum nicht? Die Augen nur ein bisschen öffnen. Wie schwer die Lider sind, ein kleiner Spalt, so viel Helligkeit und so viel Durst. Alles leicht verschwommen, verschwommen ein Fenster, verschwommen ein Metallständer mit Infusionsflasche, verschwommen eine betende Ordensschwester. Ein Krankenzimmer, ein Spital, bin im Spital. Ein flaues Gefühl im Magen. Wie lange habe ich geschlafen, schlafen wie tot, war ich tot? Wieso bin ich es nicht mehr? Bin nicht im Himmel, nicht in der Hölle. Bin am Leben, hänge an einem Faden, noch. Ein Schlauch hängt an mir. Schlucken tut weh, keine Spucke, großer Durst. Die Augen öffnen, aber kein Wort sprechen, die Lippen und Zähne zusammenpressen, kein Wort herauslassen, versprochen, mir. Die Ordensschwester hat den Kopf gesenkt und betet in meine Richtung, ich hebe leicht den

Arm unter der steifen weißen Decke, da schreckt sie auf, betet den Satz zu Ende, macht ein Kreuzzeichen und sieht mich an. Große dunkle Augen, blasse Lippen. Sie heiße Schwester Marie Luise und sei da, um für mich zu beten, für mich um Vergebung zu bitten. Ihre Augen alt und wässrig, ihr Gesicht voller Falten, eine Hügellandschaft zum Verirren, und die Zähne so unecht, eine leise Stimme, verschwommen, aber eindringlich. Was für eine Sünde, das Leben, ein Geschenk des Schöpfers, einfach wegzuwerfen, eine Sünde, was für ein Glück, noch einmal davongekommen, der liebe Gott möge diese schwere Sünde verzeihen. Ich starre die Falten in ihrem Gesicht entlang, meine Lider werden schwer, mein Mund immer trockener. Will trinken, will nur trinken. Ob ich mich denn nicht schäme, das eigene Leben so einfach wegzuwerfen, was ich mir denn dabei gedacht hätte, wie man dann dastehe vor der Welt, den Menschen, dem Schöpfer. Die Augen schließen, ein tiefer Atemzug, nicht dastehen, vor nichts und niemandem stehen. In einem Krankenzimmer in einem Krankenbett liegen, wer weiß wie lange schon. Der Magen ausgepumpt, Erinnerung an ein Plastikstück mit Schlauch in den Mund gesteckt, in die Kehle gefahren. Konnte mich nicht wehren, hatte keine Kraft, nicht in den Händen, nicht in den Beinen, nicht im Kopf. Die Schwester brummt weiter, Gebete, Vorwürfe, Fragen. Gemurmel für mich. Als wäre ich nicht da. Ich bin da. Dasein. Wieder, weiter da sein, will nicht. Augen langsam schließen, behutsam ins Dunkle tauchen. Das Öffnen der Türe, das Sich-Nähern von Schritten. „Ja, da ist ja jemand munter geworden, wie geht es Ihnen, Frau Lechinger?" Die Augen nur einen Spalt öffnen, eine

Krankenschwester, ganz in Weiß, sauber und blond, die Haare wie frisch geföhnt, eine hohe Stimme. Kein Wort aus meinem Mund. „Ein Wort aus deinem Mund und schon werde ich gesund." Bin gesund, bin nicht krank. Warum Krankenhaus, warum Beten an meinem Bett. „Na, da ist ja alles noch einmal gut ausgegangen, Sie sind ein wahres Glückskind. Wir haben Ihnen den Magen ausgepumpt und eine Infusion für den Kreislauf haben Sie bekommen. Jetzt bleiben Sie erst einmal ein paar Tage hier auf der Station und erholen sich gut, sobald die Sache mit dem Psychiater geklärt ist, können Sie wieder nach Hause." Zur Ordensschwester: „Danke Schwester Marie-Luise, Sie können gerne später noch einmal kommen, vorerst wollen wir Frau Lechinger richtig zu sich kommen lassen." Zu sich kommen, zu mir kommen, will nicht zu mir, will weit weg von mir, wo es mich nicht mehr gibt, wo ich mich nicht mehr kenne. Aber der Durst. Die Krankenschwester kramt im Zimmer herum, muss sie auf meinen Durst aufmerksam machen, mühsam im Bett aufrichten, schwache Glieder, ein dumpfes Brummen im Kopf. Zur Seite drehen, wo ein Nachtkästchen steht, kein Glas Wasser darauf. Sich räuspern, damit die Krankenschwester herschaut, sie sieht so jung, schlank, glücklich aus. Sie sieht nicht nur so aus. Mit einer Geste Trinken andeuten. „Ach natürlich, Sie haben sicher Durst, sofort bringe ich Ihnen einen Tee. Bald gibt es auch etwas zu essen, vorher kommt noch der Arzt zu Ihnen. Außerdem wartet Ihr Mann schon draußen, seien Sie nachsichtig mit ihm, er muss das Ganze erst verdauen, ist ziemlich durcheinander. Aber das ist ja kein Wunder: Da kommt man früher als geplant nach Hause und findet seine Frau, nein, nicht mit einem Liebhaber im Bett, sondern bewusstlos im Bett und jede Menge leere Tablettenschachteln daneben, das muss man sich einmal vorstellen. Können Sie sich vorstellen, wie es Ihrem Mann in diesem Moment gegangen ist? Na ja, auf jeden Fall hat er richtig reagiert und Sie gerettet, seien Sie glücklich über diesen Zufall, über Ihren Mann." Das hastige Sprechen der blonden Krankenschwester, egal, ob ich zuhöre oder nicht, ob ich reagiere oder nicht, ob ich da bin oder nicht. Sie kommt näher und lächelt, ob es mir denn die Sprache verschlagen hätte, und das werde schon alles wieder. Alles hat es mir verschlagen, Körper, Seele, Sprache. Woraus werde wieder was? Mich wieder nach unten sinken lassen, die Decke über das Gesicht ziehen, kein Wort sagen, zu niemandem. Die sich entfernenden Schritte der Krankenschwester, das Türgeräusch. Große Müdigkeit, zu großer Durst. Wieder Türgeräusch und sich nähernde Schritte. Etwas wird auf das Nachtkästchen gestellt, Schritte entfernen sich, Tür wird geschlossen. Unter der Decke hervorkriechen, nach dem blauen Plastikbecher greifen, leicht zittrige Hände, den lauwarmen Tee gierig trinken. Schmeckt abscheulich. Schlucken tut weh. Unter der Decke zusammenrollen, so eng es geht, sich um sich schlingen, in mich verschlingen. In den Schlaf atmen, ein, aus, ein, aus ... vergeblich.

Sein Atemgeräusch neben mir, laut und schwer atmet mein Mann, so nah bei mir, ihn nicht ansehen können, auf keinen Fall mit ihm sprechen. Unter der Decke sein Mich-Anstarren spüren. Ob er mir etwas zu trinken mitgebracht hat, eine kleine Flasche Prosecco wenigstens. Wie lange schon kein Alkohol mehr. Das Spritzige,

Kitzelnde in meiner Kehle. Mich noch weiter von meinem Mann wegdrehen, die Augen nicht öffnen. „Sophie, wie konntest du nur." Ein Stottern, leise, unsicher, hinter einer Mauer aus Vorwürfen. Mich schämen, nicht einmal das zusammengebracht, aber wie konnte er nur, ausgerechnet diesmal früher vom Männersauna-Abend heimkommen, ist doch sonst nie, noch nie passiert. War doch immer so: vier Aufgüsse und dann ins Wirtshaus auf vier Bier, hatte mich darauf verlassen, war ein Fehler, schwerer Fehler. „Stell dir vor, wenn ich nicht früher heimgekommen wäre, wärst du vielleicht nicht mehr am Leben, warum Sophie, sprich mit mir, wir müssen das doch bereden, wir können das doch so nicht stehen lassen." Nichts ist stehen geblieben, nichts bleibt stehen, keine Uhr, kein Leben. Eine leichte Schüttelbewegung an meiner Schulter unter der Decke, er sucht nicht meine Hand, er streicht nicht über meinen Kopf. Fettige Haare, möchte duschen, in Ruhe duschen, mich einseifen, abtrocknen, einkremen. Hinter einer verschlossenen Tür. Wäre wieder Leben. Türgeräusch, Schritte kommen näher. „Lassen Sie ihr Zeit, Herr Lechinger, sie ist körperlich noch geschwächt und psychisch wissen wir noch gar nichts. Der Psychiater wird sich darum kümmern. Gehen Sie nach Hause und ruhen Sie sich aus. Morgen sieht alles ganz anders aus, Sie werden sehen." Nichts sehen werden, viel zu viel gesehen, Augen kränkeln schon. Noch eine leichte Berührung an der Schulter, ein geflüstertes „Bis morgen", Schritte entfernen sich, zögerlich. Die Mauer aus Vorwürfen bleibt im Zimmer stehen.

Allein, lausche meinem Atem, immer noch lausche ich meinem Atem, wollte ihn doch nie mehr hören, aber jetzt wieder: ein, aus, ein, aus … Nicht gelungen, dem Atem den Garaus zu machen, mir nicht, noch ein Versagen, eines mehr oder weniger. Im Boden versinken mitsamt dem Krankenbett, die Schanden zählen. In die Mitte der Erde sinken, begraben werden von all den Jahren, die Leben waren, hätten sein sollen. Was war es, was enden sollte, nicht enden durfte? Noch immer enden soll. Warum sich dafür schämen? Wenn alles doch nur ein Nichts ist. Oder nicht einmal das.

Nicht zu erklären. Alles gut gelaufen. Alles gut ausgesehen. Lehrer-Ehepaar, glücklich verheiratet. Alles gut ausgesehen. Keine Kinder, sie kann keine kriegen, niemals. Das mache doch nichts, man kann auch ohne Kinder glücklich sein, man brauche sich nicht zu schämen, wenn man keine Kinder bekommen könne, nicht alle müssen Mütter sein, so sei man auch viel ungebundener. Noch nie im Leben einen Orgasmus gehabt. Nicht wissen, wie es geht, woran es liegt. Vortäuschen ist einfach. Lügen ist einfach. Schämen ist Gewohnheitssache. Heimlich mit anderen Männern probiert, zwecklos. Es liegt an ihr, an der Frau, unfruchtbar und frigide. Manche trifft es hart. Andere gar nicht. Andere glücklich, zwei Kinder, Eigenheim, Großeltern, ein Hund, Spanienurlaub, Karriere, Gesundheit. Bin nicht krank, bin nicht gesund, bin nicht. Zu mir kommen, zu mir kommen, dass ich nicht lache, wie lange ich schon bei mir war, nicht auszuhalten, immer schlimmer mit der Zeit. Nicht mehr zurück wollen zu mir, nicht mehr ins Leben zurück wollen, in keines.

Können Sie ruhig alles wissen, in der Schule, alle sollen alles wissen. Unfruchtbar, frigide, heimliche Trinkerin und zu guter Letzt ein verpatzter Selbstmordversuch. Alles so gut ausgesehen, alles so gut gelaufen. Hätte niemand gedacht.

Was ist heute für ein Tag, hat man mich krankgemeldet? Wird die Kollegenschaft meinen Mann fragen, was los ist, wird er lügen? Ein sich Zusammenreimen, das Alkoholproblem, die kinderlose Ehe, kein Wunder. Hätte man sich ja denken können. Lange wäre es mit dem Job nicht mehr gegangen, von wegen Vorbild für Kinder. Eine alkoholkranke, selbstmordgefährdete Lehrerin. Nein, an ihrem Unterricht gab es nichts auszusetzen, nein, man hat ihr nichts angemerkt, aber Kinder sind doch so sensibel.

Man kann eben in niemanden hineinschauen. Nein, man kann in niemanden hineinschauen. Oder doch? Nicht in mich hineinschauen, bitte nicht, das will niemand sehen, auch ich nicht, nicht mehr.

Kein Mitleid mit meinem Mann, er kommt zurecht, auch ohne mich. Das dauert nur ein bisschen, findet eine neue Frau, die ihm zwei, drei Kinder gebärt, die Orgasmen erlebt wie im Film und noch besser. Und die vor allem nicht trinkt, höchstens ein Glas Wein zum Essen oder auch mal ein Gläschen Sekt, wenn es etwas zu feiern gibt. Die sich aber nie volllaufen lässt wie ein Schwein, wenn sie alleine ist. Die so gekonnt heimlich trinken kann, ihren Prosecco in den kleinen Mineralwasserflaschen aus Plastik immer in ihrer Tasche hat, immer griffbereit, immer durstig diese Frau und so raffiniert, wenn es ums Verstecken der großen Glasflaschen geht. Die Frau, die so gut funktioniert, der man nichts anmerkt, und wenn doch, macht sie es einem so leicht, wegzuschauen, als hätte man doch nichts gemerkt.

In der Nachbarschaft, in der Schule spricht man von der netten Frau Lechinger, wie von einer ganz normalen Frau, mit allen verträgt sie sich gut, für alle hat sie ein freundliches Lächeln, ein nettes Wort. Und die Kinder mögen sie. Und sie sieht gut aus. Und alles hat gut ausgesehen. Und wirkte doch zufrieden. Hätte man doch niemals an so etwas gedacht. Kann es denn so schlimm gewesen sein?

Im Supermarkt kennt man sie, aber keine Kassiererin sieht ihr ins Gesicht, wenn sie mit ihren Flaschen im Einkaufswagen an der Reihe ist. Man nimmt sie einfach nicht wahr, man will das nicht sehen. Der Filialleiter huscht schnell an ihr vorbei, wenn er sie am Regal zugreifen sieht. Man nimmt nicht wahr, was man ihr nicht ansieht. Die Scham sitzt hinter der Gesichtsmauer, die bröselt niemals, oder doch? Niemand braucht das zu sehen, nicht die Nachbarn, nicht die Supermarktangestellten, nicht die Kollegen, nicht die Schüler, nicht die Freunde, nicht die Verwandten, nicht einmal man selbst. Ein gutes Gefühl, dieses Jemandem-nichts-Anmerken, dieses Nicht-Sehen, schließlich ist man selber nicht so, man ist anders. Und es gibt nichts zu schämen. Oder doch?

So hell im Zimmer, so schwarz das Kleid der Ordensschwester, so schwer der Körperstein, so leergefegt das Seelenhaus. Einschlafen, dem Atem folgen, ein und aus, ein und aus, bis in die Tiefe der Nacht, bis ans Ende des Krankenhauszimmers, vergeblich.

Immer enger das Zimmer, ein Zuschnüren, ein Abschnüren, ein Näherrücken der Wände, Erdrückung. Schweißgebadet frieren, ein Zittern der Beine bis in den

Brustkorb. Ein Rasen im Herz, setzt sich fort, Wellen bis in die Zehenspitzen, Fingerkuppen. Kleine Nadelstiche ins Fleisch der Fußsohlen, der Handteller. Wer macht so etwas? Mit mir. Der Atem viel zu schnell, um zuzuhören. Schweiß auf den Lippen, Durst im Mund. Was haben sie mir gegeben, dass der Körper sich so aufführt? Was haben sie mir nicht gegeben? Türgeräusch dröhnt verzerrt im Hinterkopf, Schritte nähern sich wie Presslufthämmer. Decke weg von mir, Decke her zu mir, so heiß, so kalt, so nichts dazwischen. „Sie sind sehr unruhig, Frau Lechinger, wir geben Ihnen jetzt etwas, damit Sie schlafen können und der Alkoholentzug abgeschwächt wird. Dann sind Sie hoffentlich morgen für ein Gespräch mit dem Psychiater bereit. Sie werden verstehen, dass wir Sie nicht einfach wieder nach Hause schicken können. Vorerst muss geklärt werden, wie es mit Ihnen weitergeht."

Kein Blick, kein Wort von mir. Die Arztworte hallen nach, sind Gänsehaut auf mir, in mir. Weitergehen, weitergehen soll. Meine Haut hat keine Ahnung. Trinke und schlucke, wie man es von mir wünscht, trinken und schlucken kann ich gut. Als würde die zitternde Hand nicht zu mir gehören, die Arzthand hilft mir, das Glas zum Mund zu führen. Nichts Spritziges, Kühles, Lebendigmachendes. Damit das Zittern aufhört, innen bleibt es, hinter den Augen ein Brennen, ein schwarzes Feuer. Heiß und kalt und schlafen und wach sein und leben und sterben und nichts oder alles dazwischen. Und wenn es doch ein Wort zu sagen gäbe, ein einziges, nicht gesund machendes, aber immerhin nicht kränker machendes. Es müsste klingen wie „Lichtung" oder „Abschied", zur Sicherheit geflüstert, vielleicht gesungen.

Mitten aus dem Nichts taucht er auf, der Vaterschatten, aus dem Krankenzimmerdunkel, das so viele Leuchtaugen hat, kein Türgeräusch, keine Schritte. Wer hat ihn hereingelassen, zu mir gelassen. Als Scherenschnitt tanzt er um mich herum, will sich zu mir legen, unter meine Decke kriechen, will mich berühren, verführen. Ich sei doch schon ein großes Kind. Will sich an mich drücken, in mich. Will mich betören, zerstören. Niemand darf ihn sehen, meinen Vaterschatten. Bin doch kein kleines Kind mehr, das ein Geheimnis nicht für sich behalten kann. Ein so großes Geheimnis, schon so lange, wird immer noch größer. Ganz für mich behalten meinen Vaterschatten, ein Leben lang. Kein Schritt ins Licht, bloß nicht aus dem Schatten hinausfallen, meine ganze Welt darin. Außerhalb, viel zu grell die Sonne, viel zu hell die Worte. Alles viel zu weich und warm, nichts für die brave Tochter, die beste Geheimnisbewahrerin. Helfen würde das Sprudelnde, Kühle, wenn es die Zunge kitzelt und durch die Kehle fließt, hilft immer, hat immer geholfen.

Vielleicht gibt es einen Satz, der sich sagen ließe, weinen, schreien ließe. Dass ich nicht mehr kann, nicht mehr will. Vielleicht bliebe ein Loch davon im Körper, vielleicht wäre darin ein kleiner Samen, würde keimen. Dass ich mein Leben nicht ertrage, nicht das eine, nicht das andere, dass ich mich nicht mehr ertrage, wie ich heimlich trinke, die Ängste kurz untertauchen lasse, damit sie dann umso heftiger aus dem dunklen Wasser emporschnellen, direkt in mich hinein, wie ein Blitz in meinen Stamm. Und über allem zieht der Vaterschatten, drängt, bedrängt und lässt sich nicht abhängen, nicht loswerden. Sich für Unsichtbares schämen. Das Kind sieht Gespenster, hat es immer geheißen. Und die glückliche, blonde, schlanke Krankenschwester hat gut lächeln, ohne Vaterschatten, hat gut aussehen, ohne Gespenster. Ihr Körper ist so sauber und normal, sie beißt sich in die Hand beim Orgasmus, um nicht vor Lust zu schreien. Vielleicht bekommt sie Zwillinge und schwimmt im Glück, wie in einem ruhigen See, jemand wirft Steine hinein, die Kreise sind friedlich und schön. Keine Gespenster tauchen auf, um Luft zu schnappen und in sie zu fahren, sich in sie zu drücken. Bis das Keuchen immer lauter, schneller wird, niemals hat es wer gehört. Große Geheimnisse sind nicht zu hören.

Ruckartig aus dem Schlaf herausbrechen, wo und wann bin ich? Und wer? Schwindel im Kopfbrei, kein Zittern mehr, das Gegenteil, wie betäubt so schwere Finger, Hände, Zehen, Füße. Wie angeleimt der schwere Körperstein am feuchten Leintuch, die Matratze schaukelt auf und ab und hin und her. Das Bett zittert um mich herum. Schweiß- und Schamgeruch im ganzen Körper, im ganzen Bett, im ganzen Zimmer. Alle werden es merken, mich anschauen, mich ansprechen. Dann? Nicht wegsehen, nicht unter die Decke kriechen, nicht Lippen zusammenpressen, nicht Herzklopfen dämpfen, nicht Sprache verschlagen, nicht Schatten und Gespenster bewahren, nicht Geheimnisse für mich behalten. Nein, nicht mehr. Es nicht mehr können. In meinen Fingerkuppen und Haarwurzeln werde ich die Wörter finden: Ich will nichts mehr für mich behalten, ich habe das Schwimmen verlernt, das Tauchen noch nie gekonnt, ich brauche Hilfe, sonst gehe ich unter, und nicht nur ein Wort macht mich gesund. Vielleicht ein Weg am Ufer des Sees, wer weiß, wie weit es dorthin ist und ob er überhaupt zu finden ist, und gefunden, ob er verwildert und verwachsen ist, vielleicht wird ein Werkzeug notwendig sein, ein Messer. Vielleicht brauche ich Schwimmunterricht, wer weiß, wie viele Stunden. Vielleicht geht es nur bei Windstille. Aber die Stürme lassen sich nicht beruhigen. Vielleicht ein Auswendiglernen von zwei Sätzen, zu sagen, wer ich bin und wer nicht, wer ich bin und wer ich nicht bin, wer ich nicht bin und wer ich bin, immer wieder, immer wieder. Bis mein Atem es sagt. Ich bin.

Tagebuchauszug vom 14. Juli 2017

M. L.

Vorgestern war ich an einem absoluten Tiefpunkt meines Lebens angelangt, wie ich ihn bislang Gott sei Dank nur wenige Male hatte und kannte. Meine Welt war zerbrochen, der Boden unter meinen Füßen weg.

Die belastende Arbeitssituation, aufgrund derer ich seit über zwei Wochen und noch bis Ende des Monats krankgeschrieben war, zehrte schon lange an mir, und durch den Krankenstand fehlte mir nun auch jegliche Struktur und Aufgabe, und ich begann teilweise schon morgens zu trinken: Bier, so viel noch da war, beziehungsweise den Rest, den ich am Vorabend nicht mehr schaffte, da ich schon im Delirium lag.

Aber noch größer war die Enttäuschung, wenn der Kühlschrank von mir bereits geleert worden war, aber der Suchtdruck erst in die Gänge kam. Normalerweise hasse ich alle Getränke außer Bier, oder was heißt hassen, es schmeckte mir einfach nicht. Aber es erfüllte oftmals den Zweck, um mich noch mehr zu betäuben. So öffnete ich nach dem fünften kleinen Bier eine Flasche des für mich eigentlich viel zu süßen Hugo, der von meiner Geburtstagsfeier noch übrig geblieben war, und es war erst 11 Uhr morgens. Am Boden der Flasche angelangt war nicht nur der Hugo leer, sondern auch ich. Traurig, verzweifelt und mittlerweile auch ordentlich betrunken legte ich mich erst einmal wieder ins Bett.

Um 17 Uhr wachte ich auf. Die Therapiestunde, die ich seit einem Jahr mehr oder weniger regelmäßig besuchte, sagte ich ab. Der Grund: es ging mir nicht gut – wie paradox und verquer, aber bei Weitem nicht unüblich. Alkohol machte mich bereits schon des Öfteren antriebslos und lustlos. Ich begann mich phasenweise komplett zu isolieren, und nach vielen Jahren Missbrauch veränderte er bestimmt auch gänzlich mein Wesen. Der Therapeut am Telefon merkte wohl sofort, dass es mir nicht gut ging und beschloss mich zu besuchen, nicht um die Therapiestunde örtlich zu verlagern, nein, sondern nur, um nach mir zu sehen.

Um 17:30 klingelte es an der Türe, und mein Therapeut, der mittlerweile ein Stück weit auch zum Freund geworden war, kam auf Besuch. Ich empfand eine Mischung aus Freude und Scham. Freude, dass ich ihm nicht egal war, Scham, weil ich wusste, wie ich die letzten Tage verbracht hatte, unserem Therapieziel der Abstinenz völlig fern. Ich hoffte, dass er vielleicht nicht bemerken würde, dass ich bereits meinen ersten Rausch des Tages ausgeschlafen hatte, und dass ich mich seit Tagen am liebsten 24/7 betäuben wollte und dies auch durchzog.

Allerdings musste man weder Arzt noch Therapeut oder sonst ein Spezialist sein, um anhand des ekelhaft fahlen und aufgeschwemmten Gesichtes mit den leeren, glasig geröteten Augen zu erkennen, dass *ich* den Alkohol *gar nicht mehr* im Griff, sondern *der Alkohol mich* fest im Griff hatte. Manchmal denke ich, dass so eine Wasserleiche aussehen muss, einfach nur grausig, aber das war nur das Spiegelbild. Gäbe es einen Spiegel zur Seele, würde man höchstwahrscheinlich erst richtig erschrecken oder durch die Leere auch gar nichts mehr erkennen.

Mein Therapeut fragt mich, wie es mir geht. Ich konnte erst gar nicht und nach ein paar tiefen Atemzügen nur heulend antworten: „Einfach nur beschissen!" Ich konnte nicht mehr, war verzweifelt und wollte nur aus meinem Körper raus! Am liebsten die Haut abziehen, um in eine neue hineinschlüpfen zu können. Will mit den Fingern schnippen, und dann soll bitte alles anders sein! Ich will keine Sucht haben, die mich so ruiniert und einnimmt und über mich und mein Leben bestimmt. Ich will keine Alkoholikerin sein. Alleine dieses Wort bekomme ich kaum ausgesprochen, und sogar dieses Wort niederzuschreiben, fällt mir schwer!

ALKOHOLIKERIN! Ich? *So* weit ist es noch nicht!

Alkoholiker sind Ü50-Männer, die morgens um 10 Uhr schon vor dem dritten großen Bier in der Kneipe sitzen und ihre Invalidenrente versaufen. Oder Obdachlose, die nur von Zeitungspapier zugedeckt auf der Parkbank liegen, mit einer Dose Bier daneben, welche sie sich vom Pfand der vorherigen Flaschen gerade noch so leisten konnten.

Oder Bettler, die an der Straße sitzen mit dem Sammelbecher in der einen Hand, und einem Pappkarton mit der Aufschrift „Bitte um ein paar Cent – ich habe Hunger" in der anderen Hand.

Oder die abgemagerten Frauen, die im Minirock und High Heels Sommer wie Winter ihre Dienste an Bahnhöfen anbieten mit aufgequollenem Gesicht und Tränensäcken bis zu den Knien.

Das sind Alkoholiker, aber bestimmt nicht *ich*!

33 Jahre, immer ein geregeltes Arbeitsverhältnis, eine sehr schöne Wohnung, wenn ich sie in Ordnung

hielt, und ein ganz ansehnliches Erscheinungsbild, wenn die Nacht davor nicht komplett ausartete.

Ich bestimmt nicht!

Während ich das niederschreibe, komme ich mir schlecht vor! Woher nehme ich mir das Recht heraus, so vorurteilhaft zu sein und zu denken, dass ich wirklich noch in einer besseren Lage sei. Ich habe einfach nur Glück und NOCH nicht alles verloren.

Vorgestern war mein Gesicht jedoch alles andere als ansehnlich, und die geschwollenen, roten Augen vom Saufen und Heulen machten es auch nicht besser! Kein Wunder, dass der Therapeut sofort bemerkte, dass es auf der Uhr bereits fünf nach zwölf geschlagen hatte, und nun etwas passieren musste. Dann hörte ich die Worte, die ich als Letztes hören wollte: „Du musst in die Maria Ebene und einen Entzug machen."

„Mit Sicherheit nicht! Iirgendwie komme ich iiirgendwann schon selbst aus der Scheiße raus. Eines Tages werde ich aufwachen und es wird mir leicht fallen, den Alkohol zu kontrollieren, und ab morgen hör ich sowieso auf. Heute nicht – aber morgen bestimmt." Als er diesen Satz ausgesprochen hatte und nochmals wiederholte, wurde mir bewusst, dass ihm Ernst damit war, denn ich konnte auch nicht das geringste Schmunzeln erkennen, welches das Zeichen für einen schlechten Witz gewesen wäre.

Ich heulte noch mehr, und die Freude über seinen Besuch verflog endgültig, und alles, was blieb, war tiefste Scham. Mein Leben war nun endgültig am Ende. Ich stand vor einem Trümmerhaufen und am Abgrund – aussichtslos! Endstation Entzugsklinik! Wir sprachen noch eine ganze Weile, was es nicht wirklich besser machte.

Ich wollte das alles einfach nicht, ich wollte da nun nicht durch müssen und alles durchmachen.

Den Überweisungsschein meiner Hausärztin hatte ich schon seit ein paar Wochen zu Hause liegen. Auch sie nahm ich nicht ernst, als sie mir den Schein in die Hand drückte, auf dem stand: „Dringend stationärer Aufenthalt empfohlen, durch steigendem C2H6O-Abusus." Für mich war es lediglich eine andere Formulierung für: „Du hast es verkackt und kommst da nicht mehr selbst raus." – Autsch.

Nach der Arbeit kam meine Mama auch noch hinzu an dem besagten katastrophalen Mittwochabend und noch einige Minuten später meine Schwester. Zusammen hatten wir dann beschlossen, dass es das Beste sein würde, diesen schweren Schritt zu gehen und endlich zu handeln, anstatt auf bessere Zeiten zu warten, die aber leider nicht kamen.

Ich packte also meinen Koffer und nahm mit: einen Kloß im Hals, Enge in der Brust, Tränen in den Augen und etwas Wechselkleidung. Ich beschloss bei meiner Mutter zu schlafen, da ich nicht alleine sein wollte, und wahrscheinlich wusste ich, dass ich sonst wieder versuchen würde, mich vor allem zu drücken.

Nichts ahnend, was mich erwarten würde, konnte ich die ganze Nacht nicht schlafen, sondern meinen von Unruhe geplagten Körper nur von der einen Seite auf die andere wälzen. Ich konnte mir nicht vorstellen, acht Wochen lang weg vom Schuss in einer Einrichtung eingesperrt zu sein mit begrenztem Zugang zur Außenwelt, in kargen Zimmern mit Bettbezügen für Bettnässer und natürlich mit den Mitinsassen, zu denen ich freilich nicht passen würde, da mein Bild eines Alkoholikers ja immer noch das eines Ü50-Mannes war mit rotem Gesicht und nur noch wenig vorhandenen Gehirnzellen. Immer wieder nahm ich das Handy zur Hand, durchstöberte das Internet nach Erfahrungsberichten von Alkoholkranken und deren Entzug und war erstaunt, dass die Berichte durchaus positiv waren. Alle waren froh, diesen Schritt gewagt zu haben, und jeder schilderte auch die anfängliche Angst und Skepsis.

Gestern Morgen war es dann so weit, meine Mutter weckte mich auf, damit wir uns langsam für die halbstündige Fahrt fertig machen konnten. Die Nacht zuvor hatte ich auch verhältnismäßig wenig getrunken, aber auch nur, damit man in der Entzugsklinik gleich erkennen würde, dass ich nicht dorthin gehörte, und man mich wieder gehen ließ, anstatt mich in einen weißen Kittel und Frotteeschlappen zu stecken und mit Medikamenten ruhigzustellen. Aber vielleicht sedierten sie einen in der Klinik ja so, dass man die acht Wochen gar nicht mitbekommt – sabbernd in einer Ecke.

Aber der eine Abend, an dem ich wenig getrunken hatte, konnte die vergangenen Wochen nicht ungeschehen machen. Es war mir nach wie vor alles ins Gesicht geschrieben gewesen, und bei dem Gedanken, dass wir nun tatsächlich in die Klinik fahren würden, drehte sich mein Magen hörbar um. Ich versuchte, meine verquollenen Augen von der Heulerei vom Vortag, dem Schlafmangel und den zwei Bieren zu überschminken, und los ging die wilde Fahrt.

Ich nuckelte an der Mineralwasserflasche wie ein Kind am Fläschchen, denn es hatte für mich in etwa dieselbe beruhigende Wirkung. Die Augen glasig und der Magen flau wurde mir jedoch gleichzeitig immer bewusster, wie wichtig und hoffentlich lebensverändernd sich diese Fahrt auf mich auswirken würde. Meine größte Angst war nach wie vor, dass, wenn ich nicht gegen meine Sucht ankämpfte, ich irgendwann meine unschöne Situation akzeptieren und resignieren würde, sodass der falsche Freund – der Alkohol – mein Leben für immer bestimmen und einen wahren Freund aus Fleisch und Blut ersetzen würde. Okay, gleich und gleich gesellt sich gern, vielleicht hätte ich ja noch jemanden in einer versifften Kneipe auftreiben können, der ebenso ein Häufchen Elend mit Bierschaumkrone darstellte wie ich. Doch mir wurde immer klarer, dass ein Leben mit Alkohol kein Leben war: Du saugst den Alkohol ein – er dich schlussendlich aus.

Wir näherten uns der Entzugsklinik. Mein Kopf war voller wirrer Gedanken beziehungsweise konnte ich keinen klaren Gedanken fassen. Alles lief irgendwie an mir vorbei wie ein Film, in dem ich die Hauptrolle spielte, aber deutlich weniger glamourös und eher im Genre Drama einzuordnen. Tausend Fragen stellten sich mir. Wie würde es dort wohl aussehen? Wie sehen Süchtige aus? Mir sah man es nur an manchen Tagen an, wie gestern auch, aber noch nicht ständig.

Ich schämte mich und fragte mich, wie ich es nur so weit hatte kommen lassen können!? Mama redete und versuchte mich wohl etwas abzulenken. Teile davon bekam ich mit, irgendwas von einer Cousine, die am Innsbrucker Bahnhof endete, dort wohl versiffte und versandelte, auch wegen dem Scheiß-Alkohol, und schließlich viel zu früh starb. Hilfe von der Familie nahm sie nicht an, und irgendwann gab man sie auf.

Ich kann mir gar nicht vorstellen, wie es sein muss, wenn man niemanden mehr hat, der hinter einem steht. Ich bin in der glücklichen Lage, Familie und Freunde zu haben, die hinter mir stehen, aber kann mir durchaus vorstellen, dass das auf Dauer nicht mehr tragbar ist, für nichts und niemanden.

Ich wollte die Reißleine ziehen, bevor es mir genauso erging. Doch dafür musste ich mir erst eingestehen, dass ich tatsächlich alkoholkrank war und Hilfe benötigte von Menschen, die wirklich Ahnung auf dem Gebiet haben, und ich nicht länger damit warten sollte. Aber deshalb saßen wir ja im Auto.

Mein Therapeut meinte, dass Alkoholismus der Krebs der Seele ist – so viel Wahres in einem kurzen Satz. Und bei jeder anderen Erkrankung sucht man ja auch einen Arzt auf und lässt sich helfen. Allerdings ist beim Alkoholismus die zusätzliche Hürde der Schamüberwindung vorhanden, was es mit Sicherheit nicht einfacher macht.

Langsam kamen wir dem Ziel näher, und ich konnte meiner Mutter nicht mehr zuhören, da ich mit meiner Angst, meiner Übelkeit und meinem immer noch versoffenen Spiegelbild im Seitenspiegel des Autos beschäftigt war. „Da reißt mich mein weißes, ärmelloses Blüschen auch nicht mehr raus", dachte ich mir. Aber gut, wir machten ja kein Ausflug durch Vorarlberg, weil uns langweilig war, sondern weil ich Hilfe benötige. Dringend!

Wollte ich Hilfe? Keine Ahnung! Wollte ich aufhören zu saufen? Ja, aber am liebsten ohne Aufwand und ohne Kraft aufbringen zu müssen! Außer eben zu schnippen, denn das bekam ich hin! Wer suchtet, der findet – der findet schlussendlich auch die Entzugsklinik!

Wir waren da. „Schöne Gegend", dachte ich mir. Vor allem echt mitten in der Pampa. Fand ich gut, dass man eine Entzugsklinik nicht mitten im Stadtzentrum auf dem Marktplatz errichtet, am besten noch mit blinkenden großen Leuchtreklamen, auf denen Pfeile als Wegweiser abgebildet sind: „Hier entlang alle Alkoholiker, Süchtler, Junkies, Kettenraucher und fetten Leute mit Höchstgewicht 35 kg."

Ganz genau wussten wir allerdings nicht, wo sich der Eingang befand. Bitte lass es jetzt aber nicht der Eingang neben der Terrasse sein, die zur Straße gerichtet ist, auf der sich viele Leute befanden und draußen saßen, quatschten und lachten. Musste ich nun wirklich an denen vorbei? Ich schämte mich, ich wollte nicht, hatte Angst und war mir einfach nur zuwider! Ich versteckte mich hinter dem Auto, um nochmal den Blick in Richtung Entzugsklinik schweifen zu lassen und in Richtung der Straße, von der wir gerade kamen – weg von dem Albtraum.

Ich nuckelte weiter an meinem Mineralwasser, meine Hände waren kalt und feucht, und ich merkte, wie ich zitterte. Ich musste weinen aus Verzweiflung. Nun war es gleich so weit – ich musste da rein! Ich musste mir Hilfe holen, und noch nie war mir eines so klar wie in diesem beklemmenden Moment: Verdammt! Ich bin Alkoholikerin!

Meine Mutter bemerkte, dass es mir nicht gut ging, und fragte, ob ich lieber nicht hinein möchte. Natürlich wollte ich da nicht hinein! Das Letzte, was ich mochte, war, dieses Gebäude zu betreten! Ich kann mir bis heute kaum vorstellen, dass irgendjemand mit dem Überweisungsschein und der Diagnose „Alkoholikerin" darauf, freudig hineinhüpft wie sonst glückliche Paare über eine Wiese. Aber ich wusste, dass es wichtig und richtig war und auch allerhöchste Eisenbahn, sollte ich noch irgendetwas von dem einen Leben haben und auch leben wollen. Und das Benzin, welches wir zum Aufsuchen der Klinik verschleudert hatten, sollte ja auch nicht gänzlich umsonst gewesen sein. Mit der dank Schnappatmung wenig verbleibenden Luft in meinen Lungen hörte ich mich leise und zaghaft sagen: „... Doch, ich gehe rein! Aber bitte gib mir noch zehn Minuten."

Normalerweise bittet man jemanden noch um eine einzige weitere Minute. Aber da hätte ich lügen müssen, mir war klar, dass eine Minute niemals ausreichen würde, um mich zu sammeln. Ich ließ die 1,5-Liter-Mineralwasserflasche im Auto und nahm nur die kleine mit. Sollte ja nicht gleich jeder erraten, weshalb ich in die Klinik kam, das wäre langweilig. Ein bisschen spannend sollte es schon bleiben! Ich nahm all meinen Mut und noch viel mehr zusammen, und wir gingen los in Richtung Eingang.

Mir kam vor, dass mich meine Füße nicht über diese Schwelle tragen würden. Wäre mein Hochzeitstag gewesen, hätte mich mein Mann über die Schwelle tragen können, aber ohne Mann und ohne Hochzeit musste ich das wohl selbst irgendwie meistern. Ich war dankbar dafür, dass meine Mutter bei mir war, alleine hätte ich bestimmt wieder umgedreht.

Wir gingen hinein. Ich war tatsächlich drin. Eine Frau saß in der Ecke direkt am Eingang. War sie auch süchtig?

Oder Begleitung? Oder noch schlimmer: gesund und arbeitete hier? Wir wussten nicht wohin, erblickten aber eine Tafel, auf der „Stationärer Aufenthalt" zu lesen war. Laut Überweisungsschein wohl mein „Schalter". Ob die Dame mir gleich einen Zimmerschlüssel überreichte, so wie in einem Hotel? Oder wie lief das hier?

Die Dame ignorierte uns zuerst, kam aber dann sehr freundlich auf uns zu und fragte, was sie für uns tun könnte. Hilfe, ich zitterte am ganzen Körper und hätte am liebsten nicht sprechen wollen, da ich Sorge hatte, dass anstelle von Worten meine Kotze hochkam.

„Guten Tag, ich habe eine Überweisung von meiner Hausärztin erhalten, sie hat mir dazu geraten, mich bei euch vorzustellen." („Guten Tag, ich bin verzweifelt und könnte gerade losheulen", wäre passender gewesen.) Freundlich wies sie uns darauf hin, dass wir erst zur Ambulanz gehen mussten, da ich das erste Mal hier war. Sie erklärte uns den Weg, und nur drei Stufen hoch und gleich links waren wir auch schon an der richtigen Stelle.

Die Klinik erinnerte nicht an ein Krankenhaus oder eine Anstalt, sondern eher an eine gehobene Jugendherberge wie in der Skiwoche anno dazumal, mit Billard und Fußballtischen und vielen Möglichkeiten, sich spaßig abzulenken. Einige Leute schauten uns an, und ich staunte, denn mein Bild von Süchtigen war komplett falsch gewesen! Es gab nicht nur alte Männer, sondern es war wirklich alles vertreten! Jung/Alt/Frauen/Männer und sogar äußerst attraktive Männer in meinem Alter.

Ich meldete mich in der Ambulanz an, und die Dame, welche mit dem Headset an der Anmeldung saß, tippte wohl gerade einen Arztbericht ein oder hörte vielleicht auch Kronehit – who knows. Sie nahm sofort die Kopfhörer ab und lächelte mich freundlich an. Ich wiederholte mich: „Guten Tag, ich habe eine Überweisung von meiner Hausärztin erhalten, sie hat mir dazu geraten, mich bei euch vorzustellen." Weshalb das Rad immer wieder neu erfinden, den Satz fand ich ganz ordentlich formuliert.

Zuerst mochte ich die Überweisung über den Computer reichen, aber meine zitternden Hände schlugen nun dermaßen aus, dass man eine Parkinsonerkrankung vermuten hätte können, so schob ich ihr das Stück Papier über den Tresen zu. Hatte geklappt und bestimmt niemand bemerkt. Sie nahm meine Daten auf. Familienstand: Ledig! What else? Hatte sich wohl jeder entmannt gefühlt, weil ich ihn locker unter den Tisch hätte saufen können. Arbeitsbezeichnung: Arztassistentin! „Morgens komme ich öfters mit (wehenden) Fahne(n) zur Arbeit", hatte ich mir an dieser Stelle verkniffen zu sagen. Telefonnummer: Trotz all den bereits abgetöteten Gehirnzellen bekam ich auch diese noch zusammen.

Sie bot uns an, Platz zu nehmen. Ich hatte Tränen in den Augen, meine Mama auch. Der Ernst der Lage wurde uns beiden wohl gerade erst richtig bewusst. „Meine Tochter ist alkoholkrank", ich war Alkoholikerin, und der letzte Ausweg war die Entzugsklinik. Es machte mich noch trauriger, Tränen in ihren Augen zu sehen. Der Wille: „Irgendwann werde ich es schon irgendwie lassen können", war schon seit Jahren nicht mehr stark genug gewesen, um meinen Alkoholkonsum kontrollieren zu können, und war immer mehr ausgeartet. In den Fängen des Alkohols hatte ich mich wie eine Marionette gefühlt, bloß mit Strick um den Hals und nicht um Arme und Beine.

Ich konnte mich im Wartezimmer nicht sofort setzen, musste also stehen und versteckte meine Tränen hinter einem Regal von Ratgebern und Flyern, welche sich auf sämtliche Süchte bezogen. Mama ging es ebenfalls alles andere als gut, sie meinte, sie würde schnell hinausgehen, um das Auto umzuparken. Ob sie hinausging, damit ich nicht zusehen musste, dass aus ihren wässrigen Augen Tränen quollen, kann ich bis heute nicht sagen, aber ich spürte ihren starken Schmerz.

In dem erstaunlich vollen Wartezimmer war alles vertreten, Jung und Alt, Weiblein und Männlein, manchen sah man die Sucht schon an, bei manchen fragte man sich, weshalb sie hier sitzen würden. Eine sehr attraktive Frau ca. Mitte vierzig saß mir gegenüber. Weshalb war sie wohl hier? Sie sah toll aus! Wir lächelten uns an, und das tat mir gut! Auf einmal sah ich in eine Runde von ca. zwanzig Menschen und erkannte die vielen traurigen Augenpaare, die meisten mit Tränen gefüllt. Ich musste mich auch zusammenreißen, um nicht immer wieder in Tränen auszubrechen, aber die Augen füllten sich immer wieder mit Tränenflüssigkeit, und als ich den Blick nochmal durch das Wartezimmer schweifen ließ, wurde ich auf einmal zufrieden und war glücklich, glücklich, dass ich diesen so schwierigen, aber auch so unglaublich wichtigen Schritt gewagt hatte.

Auf einmal spürte ich, wie dankbar ich wurde, dass es solche Einrichtungen gibt, in denen dir so schnell geholfen werden kann, und in denen es Menschen gibt, die deine Situation kennen und wissen, wie du diese Krankheit annehmen und therapieren kannst. Ich spürte plötzlich ein wohliges Gefühl verschiedenster Menschen in dieser Runde, denn mir wurde klar, dass nicht nur ich, sondern keine einzige Person zum Spaß in diesem Warteraum saß und sich diese Krankheit ausgesucht oder gewünscht hatte. Jede/r Einzelne von uns hatte nur für sich selbst begriffen, dass dies die letzte Chance auf ein unabhängiges und freies Leben war. Aus Scham, Traurigkeit und Wut war auf einmal Dankbarkeit und Hoffnung geworden. Und ich schaffte es das erste Mal an diesem Tag, meiner Mutter ein zaghaftes Lächeln zu schenken, welches sie erwiderte. Sie klopfte auf meine Knie, als würde sie mir sagen wollen: „Gut, dass wir hier sind, alles wird gut!"

Auf einmal hörte ich von hinten eine Stimme, und mein Name wurde aufgerufen. Nach dieser tollen Erfahrung und Erkenntnis im Warteraum, welche all meine Horrorbilder im Kopf zu bunten Konfettis zerfetzte, war meine Angst verflogen, und ich wäre bereit gewesen, direkt dort zu bleiben, um mit hochgekrempelten Ärmeln und gestählten Armen den Kampf gegen diesen Dreck anzugehen.

Und diesmal nicht morgen – sondern heute!!!

Tage

Markus Reischl

DO

Jo schüttelte es unwillkürlich, nachdem er das Glas hinuntergestoßen hatte. Nichtsdestotrotz griff er keine zwei Sekunden später zum Doppler, um abermals ein Viertel nachzuschenken. Der ekelhafte Geschmack des billigen Rotweins sorgte dafür, dass sich jede Körperzelle gegen die Aufnahme wehrte, doch dieser Rebellion hatte er einen unschlagbaren Willen entgegenzusetzen. Dessen Ziel war es, sämtliche eventuell aufsteigende Melancholie, hervorgerufen durch seine Sommererinnerung, im Keim zu ersticken.

Jo hatte am eigenen Leib erfahren, dass man sich an die Schmerzen einer verletzten Seele niemals wirklich gewöhnen konnte. Nicht, wenn man, so wie er, alleine dafür verantwortlich war. Er wusste, dass nicht einmal die Zeit dermaßen grässliche Wunden zu heilen vermochte. Es war zwar unmöglich, sich sämtlichen Nachwirkungen seiner Erinnerungsfetzen zu entziehen, doch um ein allzu realistisches Wiedererleben zu vermeiden, fand er den Preis einer beleidigten Leber nicht hoch.

Beschädigt, nicht beleidigt. Wahrscheinlich schon ordentlich ramponiert. Vielleicht bald vollständig zerstört. Egal. Dann wär's wenigstens vorbei.

Das alles hinter sich zu haben, erschien ihm wie ein unerfüllbarer Traum, denn er wusste, dass er die Courage für einen Selbstmord nicht aufbrachte. Vielmehr hatte er sich an Tagen, die ihm noch schwärzer vorkamen als der heutige, eingestehen müssen, dass die Angst, den Suizid nicht richtig auszuführen und sich nach dem gescheiterten Versuch in einer Anstalt wiederzufinden, größer war als die Chance auf ein schnelles Ende. Also blieb ihm nur der Selbstmord auf Raten.

Während er fast den gesamten Inhalt des vor ihm stehenden Glases in sich hineinkippte (ein Nippen, also der konventionelle Umgang, den man mit normalem Wein pflegte, wäre hier unangebracht) und gegen das unmittelbar aufsteigende Grausen Wasser nachtrank, fragte er sich, warum er seine Freundin damals mit einer Hyäne verglichen hatte. Diese Räuber hatten ihm schon immer gefallen. Weil sie von Menschen seit jeher verachtet wurden. Dies bedeutete, dass man sich vor bestimmten Eigenschaften dieser Tiergruppe fürchtete. Wäre sie dem Menschen nicht durch für ihn oft unbegreifliche Fähigkeiten haushoch überlegen, dann müsste er sich keine Lügengeschichten über die vermeintlich bösen Kreaturen ausdenken.

Feige? Sie greifen Löwen an, haben den härtesten Biss aller an Land lebenden Säugetiere. Die einzigen, die das Mark aus den Knochen rauskriegen.

Jo schüttete den Rest des Gesöffs hinunter und schloss entspannt die Augenlider, nachdem er den abscheulichen Geschmack mit Wasser zurückgedrängt hatte. Wohlwollend bemerkte er, wie sich der vor Gedanken schützende Mantel des flüssigen Analgetikums gemächlich über seinem mittlerweile nicht mehr ganz so gequälten Geist ausbreitete.

Wüste

Als er sich inmitten einer dicht gedrängten Huftierhorde wiederfand, bekam er es mit der Angst zu tun. Dann schaute er von seinem massigen Schädel aus auf sich herab und ihm wurde klar, dass er eines von ihnen war. Gleichzeitig mit den höllischen Temperaturen bemerkte er auch den stickigen Geruch. Doch das, was der Herde am meisten zu schaffen machte, waren die permanenten Stiche der Moskitos. Ihre enorme Anzahl sowie die gnadenlose Entschlossenheit der Plagegeister waren sämtlichen Bemühungen, sie mithilfe von Schwanz oder Ohren wegzubefördern, überlegen. Er warf den Kopf nach hinten und starrte in den vom aufgewirbelten Sand braun gefärbten Himmel, aus dem die Sonne unerbittlich brannte und den letzten Schweiß einforderte. Offenbar wollte sie den Mücken zuvorkommen. Als hätte sie etwas gegen ihren unablässigen Spaß; als wollte sie ihnen das Festmahl vermiesen, indem sie die letzten Blutportionen in unverwertbare dickflüssige Klümpchen verwandelte.

    Er nahm eine Strömung inmitten des Kollektivs wahr. Es war nicht möglich, dagegen anzukämpfen. Etwas sagte ihm auch, dass es falsch wäre. Er hatte folglich ein gutes Gefühl, sich in dieser schnaubenden, bis vor Kurzem nur durch Panik und Gestank verbundenen Gruppe mittreiben zu lassen. Während ihm angenehm auffiel, wie die einstimmige, fast anomal simultane Bewegung auch auf seinen Körper überging, machten seine großen Augen eine Entdeckung.

    Dunkler Qualm, nicht weit entfernt, verhieß zumindest Änderung. Die fliegenden Untiere verschwanden.

Ein von Afrikanern genährtes Buschfeuer war dafür verantwortlich. Bei jedem Lodern wurde es mit grünblättrigen Ästen bedeckt, bis die ursprüngliche Flamme durch einen doppelt so hohen Rauchsockel abgelöst wurde, der bald in graue Schwaden überging. Die hingen schwer in der Luft und verdunkelten bereits die Sonne.

Die plötzlich wie versteinerten Tiere visierten einen Punkt hinter den Menschen an. Diese wandten sich um. Die Spitzen ihrer Speere senkten sich, als weit vor ihnen Staub aufgewirbelt wurde. Für einen Moment wirkte es für Jo, als würde der Aufruhr von einem riesigen goldbraunen Auge ausgehen, das immer näher kam. Er glaubte, dass er das einzige Rind war, dessen Fantasie ihm so übel mitspielte. Seine Vision machte nicht gerade den freundlichsten Eindruck. Und trotzdem reagierte nichts um ihn herum.

Oder sie sind einfach nur dumm. Stehen wie angewurzelt da und starren hin.

Doch als er sich von ihnen abgrenzen wollte, merkte er verwundert, dass auch er sich nicht von der Stelle rühren konnte.

Jetzt erst sah er drei Löwen nebeneinander in einem Höllentempo auf die Speerträger zulaufen. Mit felsenfester Entschlossenheit blickten die Männer den heranstürmenden Raubtieren entgegen. Es erinnerte an ihr Initiationsritual. Damals, als es jeder von ihnen mit einem Löwen aufnehmen musste, hatten sie Angst gehabt. Jetzt, als nicht nur überlebende, sondern auch siegreiche Männer, den heiß begehrten Status eines Erwachsenen genießend, wussten sie, dass sie imstande waren, diese Tiere zu töten. Sie sahen dem Aufprall nicht mit Schrecken, sondern mit angespannter Erregung entgegen.

Überraschung trat in ihre Gesichter, als die Tiere abrupt abbremsten, auf der Stelle kehrtmachten und in die Richtung liefen, aus der sie gekommen waren.

Jo beobachtete das Spektakel ähnlich ungläubig wie die Afrikaner. Doch er schaltete offenbar schneller als sie, denn er bemerkte als erster den Grund für die sichtlich erschrockenen Raubkatzen.

Selbst wenn es die Massai schneller registriert hätten, wären ihre Ausweichbewegungen nicht mehr rechtzeitig gekommen. Als er die übernatürlich große Hyäne auf die Männer zustoßen sah, einem Sturm gleich, erkannte er die Sinnlosigkeit jeder noch so raffinierten Defensivmaßnahme. Mit einem einzigen Prankenhieb schleuderte sie die Hälfte zu Boden. Die restlichen drei wirkten wie paralysiert. Das wurde von der Angreiferin ausgenutzt. Sie schien sich nicht anzustrengen, als sie die Opfer ansprang und durch gezielte Bisse in Hals oder Nacken und darauffolgendes Anreißen regelrecht enthauptete.

Jo bot sich ein Anblick, der an Grauen kaum zu übertreffen war. Das monströse Raubtier war gerade damit beschäftigt, ein kopfloses Opfer nach dem anderen auszuweiden, als es erkannte, dass der einzige noch lebende Mensch versuchte, sich aus dem Staub zu machen. Es sprang ihn von hinten in einem weiten Satz an, schlug ihm die Krallen der Vorderläufe in den Rücken und riss mit einer ruckartigen Beißbewegung seine Wirbelsäule heraus. Als Jo versuchte, sich in die Richtung des Monstrums zu bewegen, um den Aufwachprozess zu beschleunigen, musste er feststellen, dass er immer noch gelähmt war. Die gigantische Hyäne drehte sich um und schritt im Zeitlupentempo auf ihr Opfer zu. Jo fiel die

Geschmeidigkeit der Auf- und Abbewegungen ihrer kräftigen Schultermuskulatur auf. Als sie sich ihm bis auf einen Meter genähert hatte, glaubte er, den bestialischen Gestank aus ihrem offenen Maul wahrzunehmen. Verschiedenfarbige Eingeweidereste hingen zwischen den Zähnen und das Blut troff stetig vom Kinn. Als er sich wünschte, dass sie ihn endlich tötete, wandte sie sich einen Zentimeter vor seinen Nüstern von ihm ab und begann, das Opfer zu umkreisen.

Einen Wimpernschlag später fühlte er am Hals einen warmen Hauch, der langsam an seiner linken Wange emporkroch. Da er sich immer noch nicht rühren konnte, war es ihm auch nicht möglich, wegzusehen, als sie mit schnaubender Nase seine linke Gesichtsseite berührte. Im Augenwinkel erkannte er ihr ganzes hässliches Antlitz. Während sie zähnefletschend seine Angst in sich einsog, war er gezwungen, sie anzusehen. Geifernde Kiefer und die widerlichen Gestank ausströmende Schnauze waren lange nicht so schlimm wie ihr riesiger Augapfel. Die davon ausgehende Schwärze näherte sich stetig. Er fühlte, wie ihm aus Angst vor dem Sog dieser Finsternis die Luft wegblieb. Panisch stellte er fest, dass ihm das Einatmen nicht möglich war.

Im Moment seines vermeintlichen Erstickungstodes erwachte Jo auf der Couch. Nach Luft schnappend realisierte er erst eine Sekunde später, kein Büffel mehr zu sein. Das Wichtigste war allerdings, dass das Vieh zu seiner Linken verschwunden war.

Tief durchatmend stellte er fest, dass ihm noch vier Stunden Schlaf blieben, bis der Wecker läuten würde.

Da sein Rausch schon abflaute und er nicht ewig aufs Einschlafen warten wollte, beschloss er, sich wieder dem Rotwein zu widmen. Übertreiben wollte er es in Anbetracht des bevorstehenden Termins nicht. Er wusste aus Erfahrung, dass selbst beste Mundhygiene und ausgiebiges Duschen nichts gegen seine Ausdünstungen ausrichten konnten. Diese ließen sich nur unterbinden, indem er ab jetzt nicht mehr als einen halben Liter in sich hineinleerte. Hoffentlich würde diese für seine Verhältnisse geringe Menge ausreichen.

Überrascht sah er, dass in der hölzernen Schüssel, die ihm als Mischschale diente, gerade noch genug Grünzeug für einen Joint übrig war. Keine Minute später entzündete er sein konisches Betthupferl. Er versank in den Tiefen vieler selbst produzierter Rauchschwaden, welche sich sanft wie ein seidener Schleier über ihn legten.

Wald

Die Kulisse war so traumhaft schön, dass sie jedem Wildromantiker, welcher der Nacht nicht mit Angst, sondern mit Neugierde entgegentrat, den Atem hätte rauben können. Der Vollmond spiegelte sich in seiner Pracht auf der Wasseroberfläche eines Sees. Dieser war umgeben vom Wald, der hie und da über grasbewachsene Flächen ins schwarze Nass mündete. Auf einer der Lichtungen konnte er zwei Rehe ausmachen, die nebeneinander ruhten.

Hoffentlich ein luzider. Ein Klartraum.

In dem Moment, als er begriff, dass er den Traum gedanklich steuern konnte, war er in der Lage, sich auf dem Luftweg nach unten zu begeben. An den Reflexionen erkannte er, dass die Nacht sternenklar war. Er bremste ab und genoss den Anblick der gelben Sterne im See, die mit dem kahlweißen Mond um die Wette glitzerten.

Dann nahm er aus der bewaldeten Anhöhe einen knackenden Laut wahr. Die Rehe zuckten zusammen und sahen angespannt in Richtung der Geräuschquelle. Nach Sekunden absoluter Stille blitzte grelles orangerotes Licht durch den Wald, begleitet von einem berstenden Geräusch. Gleichzeitig mit der Lautstärke steigerte sich die vom Hügel bis zum See durchdringende Helligkeit. Die mittlerweile stehenden Rehe wirkten aufgebracht. Jo glaubte, dass sie fühlten, wie tief sie in der Falle saßen. Sie bewegten sich nervös zur Gefahr hin, dann drehten sie sich um und blickten auf den See hinaus. Vielleicht war er für sie der letzte Fluchtweg.

Jo wandte den Blick von den Verzweifelten ab und hin zur Feuerwalze, die sich unaufhaltsam ihren Weg nach unten bahnte. Die Rehe drehten durch, als sie die ausweglose Situation erkannten. Ihre Augen sahen vor Gluthitze aufkrachende, niederstürzende Bäume. Abspringendes Geäst flog in alle Richtungen. Beißender Gestank erfüllte die Luft, als ein lodernder Baum auf eines der Rehe stürzte und es unter sich begrub. Das andere versuchte panisch, dem herannahenden Feuer zu entkommen. Nachdem es mit einem weiten Satz im See gelandet und ein paar Meter geschwommen war, wurde es von einer Baumkrone erschlagen, deren Flammen mit gurgelnden Lauten im Wasser erstickten.

Jo musste spontan an ein fiktives Gemälde denken, dessen Maler einem gewissen Humor nicht abgeneigt zu sein schien. Wenn das Tier nur um einen Hauch schneller aus der Gefahrenzone verschwunden wäre, hätte es der Baumwipfel verfehlt.

Der Duft des an Land vor sich hin schmorenden Wildes war so verführerisch, dass ihm das Wasser im Mund zusammenlief. Ein einladender Riss an der Bauchseite animierte ihn dazu, sich ein paar Bissen von der Leber zu genehmigen.

Während er sich in die Luft erhob und verblüfft feststellte, dass er mit einem gefühlten Kilo im Magen federleicht aufsteigen konnte, wandte er sich um.

Vom Wald war nicht viel übriggeblieben. Auch die Feuersbrunst war verschwunden. Statt dem Flammenmeer erblickte er nur mehr zwei Glutherde auf der Anhöhe des Hanges, von dem der Brand ausgegangen war. Je weiter er sich davon entfernte, desto mehr stellte er eine frappierende Ähnlichkeit mit der Augenpartie eines Wolfes fest. Als er dem Himmelszelt nah war, drehte er sich nochmals um. Er sah klar und deutlich, wie die verrauchte Destruktion zwei immer noch leuchtende Wolfsaugen entblößte, die ihm nachstarrten.

FR

Das schrille Läuten katapultierte ihn dermaßen übergangslos in die Wirklichkeit zurück, dass er noch im gleichen Atemzug mit voller Kraft auf den Wecker neben ihm schlug. Als er verstummte, rechnete er mit dem Schlimmsten. Sinnlose Zerstörung würde als Ouvertüre zum heutigen Tag durchaus passen.

„Wär der Alk das Problem, wär ich längst in der Klinik. Ich weiß, alle Abhängigen sagen, dass sie nicht süchtig sind. Fast alle. Ich zum Beispiel geb's zu. Aber wenn das die Wurzel wäre, dann wäre ich ein glücklicher Mensch. Und wahrscheinlich nach einigen Monaten Entzug trocken."

„O.K. Wie würden Sie antworten, wenn man Sie fragt, was Ihr wesentlichstes Problem ist?"

„Alles, was mit Entzugserscheinungen zusammenhängt, hat nach der Trennung begonnen. Ich bin mir sicher, dass Sie typische Einleitungen einer Alkoholiker-Karriere kennen. Viele geben das als Grund für ihr Schicksal an. Oder sogar als Rechtfertigung. ‚Zerbrochene Liebe'! Klingt *noch* idiotischer, als es sich anhört. Und das heißt was. Wie diese saudummen Sprüche: ‚Die Zeit heilt alle Wunden und du kannst dir nur selber helfen.' Betäuben kann ich mich, mehr nicht."

Er sah seinem Gegenüber in die Augen, bevor er das, was er als Antwort erwartete, selber aussprach: „Ich weiß, dass jeder Rausch jede wirkliche Verarbeitung von dem ganzen Scheiß ausschließt. Alles Narkotisierende ist der ärgste Feind von dem, der mit dem Schmerz abschließen will. Wäre ja auch zu leicht. Das Problem im abgestumpften Zustand einer Betäubung hinter sich zu bringen, das wär's. Wer würde das nicht wollen?"

„Schade, dass es bei psychischen Schwierigkeiten nicht so ist wie bei körperlichen."

„Allerdings. Bei starkem physischen Schmerz schläfert sich der Körper durch Ohnmacht selbst ein. Im schlimmsten Fall stirbt man dann halt irgendwann an den Schmerzen. Bei Psychoqualen gelten diese Gesetze leider nicht. Allein schon deshalb sind sie viel schlimmer. Hier gibt's keine Grenzen. Ich sehe mich wegen dem Liebes-Aus nicht als Arschloch, auch wenn ich mich so verhalten hab, sondern eher als Dummkopf. Wenn's anders wäre, würde ich ja nichts bereuen. Dann wären mir Schuldgefühle fremd. Und das ist ganz und gar nicht so."

Deutlich aufrechter als auf dem Weg hierher verließ er den Raum im dritten Stock. Er ließ sich, zwei Stufen auf einmal nehmend, die Stiegen hinunter und entschwand dem weitläufigen Spitalsareal.

SA, SO

Nach den gestrigen Ereignissen fehlte immer noch das Bedürfnis nach einem Vollrausch. Offensichtlich hatte er genug Selbstvertrauen getankt. Bier auch. Zumindest ausreichend, um einschlafen zu können und nicht nach wenigen Stunden aufwachen zu müssen. Wenn sein Alkoholspiegel während dem Schlaf der Nullmarke zu nahekam, erwachte er nämlich automatisch.

Am Morgen musste er an seine Verflossene denken. Sie hatte gewusst, dass Jo schon als Zwölfjähriger Stephen King kurzgeschichtentechnisch Konkurrenz machen, dass er mit seiner Fantasie jedes Universum anfüllen konnte. Doch diese Zeiten waren vorbei. Liebesentzug beziehungsweise Alkoholmissbrauch hatte alles Kreative zum Verschwinden gebracht.

Kopfschütteln half nicht, seine Erinnerungen zu verdrängen. Sie hatten sich bereits zu sehr im Gehirn ausgebreitet. Von null auf hundert hatte sich die Reminiszenz längst vergangenen Glücks auf brutalste Art blitzartig in sein Bewusstsein geballert und nicht nur den Tag erschossen, sondern jeder aufstrebenden Hoffnung die Luft abgeschnürt.

Oh nein, bitte nicht schon wieder ein Rückfall!

Das Stoßgebet ans Gedächtnis drehte sich nicht nur um zurückliegende Erlebnisse mit seiner Ex, sondern auch um die damit verbundenen Folgen in der Jetztzeit. Diese mündeten immer in übertriebenen Alkoholräuschen. Das wusste er aus zahlreichen Erfahrungen. Leider war es auch diesmal unmöglich, die Erinnerung zu unterdrücken. Also wollte er nicht bei Bewusstsein bleiben. Aus diesem Grund war bald der halbe Doppler leer.

Vielleicht sorgte der Alkohol in ihm dafür, dass er nicht zum Weinen anfing. Sie hatten damals im gleichen Bett gelegen, in dem er jetzt vor sich hinvegetierte. Beim letzten Gedanken fühlte er sich einer gewaltigen Welle der Melancholie ausgesetzt. Sie brach an seiner Seele, überflutete das gesamte Denken und Fühlen. Selbst die schönsten, innigsten Momente der Zweisamkeit wurden von ihr hinfort gespült, nichts Angenehmes blieb verschont.

Er musste schnellstens was unternehmen, bevor die Gischt nur noch Angst und Elend zurücklassen würde. Wegen Jos Abscheu vor Retrospektiven goss er sich ein weiteres Glas Vergessen ein. Obwohl es ihn aufgrund des Geruchs beim Hineinleeren bereits reckte, trank er es tapfer aus. Ekel wurde ignoriert. Er war jedenfalls kein Argument, die Wichtigkeit des Geschmacks vor die der Wirkung zu stellen.

An richtigen, erholsamen Schlaf war nach der Weinmenge natürlich nicht zu denken, aber ein paar Stunden geistiges Fort-Sein müssten schon drinnen sein.

Jo hatte sich geirrt. Einmal mehr war er seinem Wunschdenken aufgesessen. Kurz vor Mittag lag er immer noch im Bett. Er spürte Kälte in sich, die Glieder schmerzten. Gleichzeitig stand kalter Schweiß auf der Stirn. Aufstehen wollte er nicht. Aber er musste. Weil kein Alkohol mehr da war. Die Versuchung, nach einigen Gläsern im weichen Bettsarg wegzudämmern, war einfach zu groß. Dann würde er nicht mehr an das denken müssen, was ihm seit der Trennung fehlte.

Vor dem Zähneputzen stellte er fest, dass seine Finger zitterten. Es war nicht leicht, die Zahnpasta auf den Bürstenkopf zu bekommen, wenn die dazu nötigen feinmotorischen Ausführungen an die eines Parkinsonkranken erinnerten. Was sollte er nur dagegen tun?

„Dumme Frage! Fahr zum Billa und mach was gegen's Zittern", wurde sein absurd einfältiges Rätsel im Hirn gelöst. Er wusste im Innersten, dass sein suchtgelenkter Geist die Rolle des Entscheiders längst übernommen hatte. Dieser war auf schnelle Lösungen ausgerichtet, Zukunft und Gesundheit hatten für ihn keine Bedeutung.

MO

Jo hätte den Psychologen nicht gebraucht, um zu bestätigen, dass Alkohol nicht sein Problem war. Auch dass der Missbrauch zu Depressionen führte, war ihm nicht neu gewesen. Aber dass ihm der Gedanke einer grundsätzlichen Lebensänderung in Bezug aufs Studium nicht selbst gekommen war, ließ sich schwer verstehen.

Wenn das Saufen nicht das Problem ist ...

Jo schenkte Wein ins Glas. Der Geruch war schrecklich.

Doch er wusste, dass es beim Dopplertrinken nicht auf die Nase, den Genuss, den Spaß, den Rausch ankam. Sondern auf Betäubung. Nur darauf hatte er es abgesehen.

Wenn du so weitermachst, weißt du, wohin es führt. Nach Tagen ohne Erinnerung wird's wieder beim Bruder enden. Zittern, Schweißausbrüche, brennheiße und eiskalte Haut. Bauchschmerzen, weil kein Essen drin ist, weil dir tagelang beim Gedanken an Essen schlecht wird. Brustschmerzen, Stiche beim Atmen, unregelmäßiger Herzschlag. Und das Schlimmste: Wenn du ihm sagen musst, dass es wieder soweit ist. Beim wievielten Entzug wird er dich dann begleiten? Beim fünfzehnten? Beim zwanzigsten?

Jo merkte, dass er noch immer aufs Glas mit der Flüssigkeit der Bewusstseinsabtötung starrte. Das für normalen Rotwein viel zu helle, weil kraftlose, und dem Geschmack nach zu urteilen mit Urin verdünnte Violett ekelte ihn heute mehr an als sonst. Eigentlich sprach alles dagegen, sich diesem Gesöff hinzugeben. Trotzdem war das bis jetzt kein Hindernis gewesen. Vielleicht wehrte sich der Körper einfach dagegen, weil er wusste, was ihm von dieser Schwächebrühe blühte. Doch Jo war sich sicher, dass nicht nur sein *Körper* für die Entscheidung verantwortlich war, aufzustehen und das Glas in den Kühlschrank zu stellen.

In dieser Nacht fand er keinen Schlaf. Bestimmt hätte er was dagegen tun können. Die Lösung stand im Kühlschrank. Doch mit wirklichem Schlaf würde der dadurch erzeugte Zustand nicht viel gemeinsam haben. Jo wollte *einmal* nüchtern einschlafen. Sich wieder an Träume erinnern. Nicht nur an die, die ihm gemeine Streiche spielten.

DI

Zittern und Schwitzen folgten. Der Körper wollte die Gifte ausscheiden. Das äußerte sich in unzähligen Schweißtropfen auf der Stirn. Er hatte ein T-Shirt zum Aufwischen neben sich liegen. Sonst wäre der Polsterüberzug so schnell nass geworden, dass man ihn stündlich hätte wechseln müssen. Kälteschübe, die den Leib frösteln ließen, führten dazu, dass er mit den Zähnen klapperte. Schauer einer Grippegänsehaut waren nichts dagegen. Trotzdem dachte er nicht daran, sich Linderung zu verschaffen. Während er im Bett lag, war er sich sicher, dass Nachbarn sein Magenknurren hörten. So schlimm hatte sich sein Unterleib noch nie angefühlt. Und angehört.

MI

Jo öffnete den Kühlschrank zum ersten Mal, seit er das Weinglas hineingestellt hatte. Zusammen mit einem Joghurt holte er es heraus. Er leerte den Wein in die Spüle und setzte sich an den Tisch. Auch wenn er immer noch keinen Hunger hatte, musste er sich zum Essen zwingen. Weil sein Körper nach Nahrhaftem verlangte. Der hätte schon vor Langem etwas gebraucht, doch bis jetzt waren die Schmerzen erträglich gewesen. Das hatte sich heute, am Morgen des dritten Tages, an dem er ausschließlich Wasser zu sich genommen hatte, geändert.

Mit jedem Löffel spürte Jo, wie gierig sein Körper das Milchprodukt aufnahm. Seit dem Termin beim Psychologen war es ihm nicht mehr so gut gegangen. Jetzt galt es, den Zustand zu erhalten. Das würde nur gelingen, wenn er dem Alkohol nicht wieder verfiel. Doch im Moment ging vom Doppler in der Küchenecke, den er im Augenwinkel wahrnahm, keinerlei Anziehungskraft aus. Stattdessen überlegte er, was er zum Essen einkaufen sollte. Sich auf etwas anderes als auf Betäubung zu freuen, verleitete ihn dazu, die Wohnung aufzuräumen. Leere Bierdosen wurden zusammengeklaubt. Die mit eingetrockneten Essensresten von vor vier Tagen versehenen Teller wurden gewaschen.

Jo überkam das Gefühl, das gegenwärtig Erlebte schon einmal erlebt zu haben. Getrieben vom Déjà-vu steuerte er das Buch an, in das er vor Jahren zuletzt geschrieben hatte. Der Eintrag war im Vergleich zu anderen in gut lesbarer Schrift verfasst.

Heute geht's mir gut. Ich denk an Neues (Lit.agentur, Essen). Früher (Saufzeit) hätten mich solche Gedanken, falls sie aus meiner schwarzen Leere aufgestiegen wären, nicht gefreut. Essen war nur da, um den Körper am Leben zu halten. Damit man den Geist wieder abtöten konnte. Stumpf und dumpf waren Trumpf.

Jo blätterte um.

Hab die Wohnung in den ersten drei Jahren zum Todsaufen verwendet. Hab ich überlebt?

Fit for life – Literaturpreis

PreisträgerInnen
2019

Martin Pritz – *Ostende*
Uli Klepalski – *Ein Kater und eine Schlange,
die sich in den Schwanz beißen*
Helga Futter – *Anleitung für eine Nacht im Gefängnis*

Ostende

Martin Pritz

Immer, wenn mir danach war, ging ich nach Ostende. Und mir war oft danach. Es lag praktisch am Weg. Bei Ostende konnte ich durchatmen und hatte einen ungetrübten Blick aufs Wasser. Ich liebte Ostende.

Ein Mann mittleren Alters schlug sich mit beiden Handflächen auf die Ohren, später mit der Faust aufs kahle Haupt, offenbar hatte ein Insekt ihn irritiert. Der Mann war schwerstbehindert und saß in einem Rollstuhl, auf dessen Ablage sich eine Schnabeltasse mit Kaffee, eine Packung Taschentücher und ein Päckchen Zigaretten befanden. Er rauchte unablässig und ab und an murmelte er unverständliche Laute. Auf einer kleinen Matratze neben ihm, etwa ein mal einen Meter groß, kniete ein junger Mann, wackelte ständig hin und her und lachte lauthals mit verstörtem Blick. Die alte, gebrechliche Frau vis-à-vis, die auf einer Bank im Otto-Wagner-Stil saß, ermahnte ihn, nicht zu laut zu sein.

Hermann war mein Feind, das spürte ich von der ersten Minute an. Hermann war nicht groß, hatte einen dicken Bauch, schwarze, zurückgekämmte Haare, wobei man am Hinterkopf den Anflug einer Glatze ausmachen konnte.

Es war Sommer, er trug meistens kurze Hosen, kurze Socken und Schlapfen. Er wirkte wie einer, den man leicht erregen konnte, sein Gesicht war meist rot und seine Sprachmelodie, wenn es denn eine war, war laut und unbeherrscht, wenn er etwas sagte, und er sagte viel, war es entweder um Humor bemüht oder ganz entbehrlich.

Meine erste Begegnung mit ihm hatte ich vor den Sanitärräumen, in denen auch die Waschmaschine und der Trockner untergebracht waren.

Ich kam direkt aus der Hölle einer psychiatrischen Abteilung eines Krankenhauses, hatte zwei Tage nicht geduscht und einiges an Wäsche zu waschen. Er sah mich musternd bis misstrauisch an und wies mich scharf darauf hin, dass das Flusensieb des Trockners nach dessen Verwendung gefälligst gereinigt gehört. Ich wusste nicht einmal, was ein Flusensieb ist und bat ihn, mir das zu zeigen. Widerwillig und ungeduldig reinigte er vor mir das Sieb, ein Vorgang, der keine zwei Minuten dauerte. Ich bedankte mich höflich, dennoch spürte ich seine abschätzigen Blicke im Rücken.

Es stellte sich heraus, dass er aus der Vorstadt der großen Stadt kam, ein Reihenhäuschen mit Garten besaß und verheiratet war. Die arme Frau, dachte ich sofort. Ich konnte ihn mir richtig vorstellen, wie er mit verschwitztem, angespanntem Gesicht, den Rasen sorgfältig mähend, die Kinder laut ermahnt, doch nicht in dieser Straße zu spielen, da ohnehin so viel passiert und überhaupt. Ein mir total unsympathischer Mensch und ich glaubte zu wissen, welches Geisteskind er politisch ist.

Ich fremdelte und fühlte mich furchtbar. Ich hatte das Gefühl, ich gehöre hier nicht hin, es stimmte schon, es war erst der erste Tag und Umstellungen, vor allem solche, sind nie leicht zu bewältigen, doch fühlte ich mich kraftlos und allein. Es plagten mich düstere Vorahnungen, ich konnte, wenn überhaupt, nur sehr schlecht schlafen und träumte zum Teil Entsetzliches. Wir waren zu zweit im Zimmer, Robert und ich. Robert war, wie sich bald herausstellte, schwer in Ordnung und wir hatten eine gute Gesprächsbasis. Ich war froh, in einem Zweibettzimmer zu sein, es gab auch Dreibettzimmer, Einzelzimmer gab es nicht. Man durfte immerhin bis Mitternacht fernsehen und um 22:00 Uhr sollte man im weitläufigen Gelände der Anlage sein, dann wurden die großen Tore geschlossen. Wir waren im ersten Stock der ehemaligen Kaserne untergebracht und wenn man beim Fenster hinaussah, sah man den wunderbaren Fluss, bei dessen Anblick man herrlich träumen konnte, der einen mitnahm, auf unbekannte Wege zu unbekannten Zielen.

Jeden Wochentag gab es die sogenannte Morgenrunde, bei der alle in der Gruppe befragt wurden, wie man geschlafen hat, wie man sich fühlt, was einen bewegt, was man mit dem angebrochenen Tag abseits der Therapien so vorhat. Es dauerte meist nicht lange, wir waren zwölf Personen in unserer Gruppe, jeder sagte ein, zwei Sätze und nach höchstens zwanzig Minuten war die Morgenrunde auch schon wieder vorbei. Das Frühstück war reichlich, Semmeln, Brot, allerlei Gebäck, süße Varianten, pikante Varianten, kurzum, es fehlte an nichts und die Qualität der Produkte war hervorragend. Früher machte ich mir überhaupt nichts aus Frühstück, doch im Laufe des Aufenthalts fand ich immer mehr Gefallen daran, eine Semmel mit Butter und Honig, danach noch eine mit Marmelade, dazu Kaffee mit Milch, schmeckte ganz wunderbar und war ein guter Start in den Tag.

Gustav war ein seltsamer Kauz, der kaum sprach und sein Blick verriet, dass er schwere seelische Last mit sich trug, Tabletten und Alkohol waren seine ständigen Begleiter gewesen, darum war er hier. Später erzählte Hermann, dass Gustav total durchnässt und verzweifelt in der Station aufgetaucht sei, sich im reißenden Fluss das Leben nehmen wollte und es mit allerletzter Kraft doch noch ans rettende Ufer schaffte. Sie gaben ihm trockene Kleider, führten ein langes Gespräch, in das Extrazimmer für Akutfälle kam er dennoch nicht.

Er beruhigte sich wieder und verließ uns etwa eine Woche später, um in einer anderen Einrichtung einzuchecken, ich habe mit ihm nicht mehr als fünf, sechs Worte gewechselt.

Regina sah man an, dass sie unglücklich war, sie war griesgrämig und wortkarg, versprühte eine schlechte Aura. Auch bei ihr waren, wie ich später erfuhr, Tabletten ein großes Thema gewesen, auch mit ihr wechselte ich kaum ein Wort, und wenn, dann nur das Notwendigste wie etwa „Guten Morgen" oder „Hall". Sie war für mich dieselbe Kategorie wie Hermann, ich mochte sie nicht.

Die ganze Station glich einem langen Schlauch, der durch Schiebetüren dreigeteilt war, es gab auch drei TV-Geräte, für jeden Bereich eines. Ich war zunächst sogenannter Gastschläfer bei den Borderlinern, seltsamerweise fühlte ich mich bei ihnen in den Anfangstagen am wohlsten, da war Robert und ein Rudel mehr oder weniger netter Mädels, die alle auf ihre Art freundlich schienen.

Trotzdem ging es mir die ersten Tage so schlecht, dass ich ernsthaft in Erwägung zog, es Gustav gleichzutun, einfach rein in den großen Fluss zu gehen oder hoffend, dass auf der stark befahrenen Straße, die ich täglich ging, bei einem LKW plötzlich Bremse und Lenkung versagten und er mich voll erwischt. Schluss. Aus.

Ich sprach mit niemandem darüber, soweit konnte oder wollte ich mich noch nicht öffnen, gottlob war mein Lebenstrieb stärker und nach etwa einer Woche waren diese Gedanken der düstersten Art vollends verschwunden. Aller Anfang ist schwer und so schwänzte ich die ersten Tage immer das Mittagessen, welches um halb zwölf serviert wurde, erstens, weil ich die Leute in der Gruppe, so gut es ging, meiden wollte und zweitens, weil ich nach dem kräftigen Frühstück wirklich noch ausreichend satt war. Ich erntete natürlich Hermanns böse Blicke und Ermahnungen, dass Essenszeit eben Essenszeit ist und es da keine Extraeinladungen gibt und dass ein bisschen mehr Disziplin an den Tag gelegt werden sollte und so weiter und sofort. Er hörte gar nicht mehr auf, feindselige Meldungen abzusondern. Ich blieb cool und dachte mir meinen Teil. Ich musste nicht hungrig durch den Tag marschieren, man stellte mir mein Essen zur Seite, das ich später, wenn auch kalt, zu mir nahm.

Und da gab es Angelika, mit ihr hatte ich das erste echte Gespräch, das mir ungemein gut tat. Sie fühlte sich wie ich nicht wohl in der neuen Umgebung mit all den Leuten, die ihr fremd waren. Sie, ebenfalls tablettenabhängig und Alkoholikerin, hatte eine furchtbare Geschichte. Sie und ihre Schwester wurden von den eigenen Eltern missbraucht. In jeder Hinsicht. Sie zitterte, während sie mir ihre Geschichte erzählte, ich erzählte ihr die meine und wir verstanden uns sofort. Zwei geplagte Seelen auf einer Wellenlänge verbunden durch ein unsichtbares Band, die einander zu helfen und zu heilen versuchten, zumindest den Schmerz zu lindern, ein Licht im schwarzen Tunnel. Das tat so unglaublich wohl.

Und Herbert, mein Gott, Herbert. Herbert sah aus wie ein total versoffener Donald Sutherland, er war es natürlich nicht wirklich, aber die Ähnlichkeit war frappant, ein grobschlächtiger Kerl auf tiefstem Niveau, der gottlob wenig sprach. Er war um die sechzig Jahre alt und er liebte Fußball, genau wie ich auch. So kam es, dass wir uns die eine oder andere Partie gemeinsam ansahen, er hatte wirklich Ahnung, genau wie ich auch. Das war entspannend, es lenkte ab und obendrein verging die Zeit wie im Flug.

Ich saß an einem meiner Lieblingsplätze, an einem großen Tisch aus Holz direkt am Wasser, plötzlich taucht eine Frau auf, die mir schon im Patientenkaffeehaus aufgefallen war. Sie wirkte sehr distinguiert, intellektuell und belesen und fragte mich, ob sie sich zu mir setzen könne. Ich bejahte, obwohl ich lieber meine Ruhe gehabt hätte, und wir begannen ein Gespräch über diverse Bücher und deren Autoren. Anfangs hatte alles Hand und Fuß, sie sagte fachlich fundierte, gescheite Sachen. Doch ganz plötzlich begann sie, von ihrer Mutter zu erzählen, die, man höre und staune, ein Pavianweibchen ist und ihre Kinder austrägt und einem Satanskult frönt, denn anders wäre es nicht möglich, mit 94 Jahren Kinder zu gebären. Es begann, mich leicht zu frösteln und ich sagte, dass so etwas eher schon schwer möglich ist. Da wusste ich wieder, wo ich war. Never forget where you are, man!

Es regnete. Schon lange. Es war einer dieser eigentlich angenehmen typischen Sommerregen, weniger angenehm war, dass diese Tiefdruckgebiete oft tagelang sozusagen hängenblieben und es nicht mehr aufhörte zu regnen. Ich war trotzdem unterwegs, vormittags Ostende und dann auf meiner geliebten Tischbank, wo man in Ruhe und konzentriert lesen konnte, auch im Regen. Aber ich las nicht nur sehr viel, ich hatte etwas wiedergewonnen, das ich lange sträflich vernachlässigt hatte, das Gehen. Ich nenne es Walken, Walken ist ganz wunderbar, es macht den Kopf frei und trainiert den Körper, natürlich mit wohldosierten Pausen, lesend, rauchend, staunend. Oft setzte ich mich ins Kaffeehaus, das von Patienten geführt wird und beobachtete einfach die Menschen dort. Es waren oft dieselben Leute, der Bogen spannte sich von körperlich schwerstbehindert bis psychisch beeinträchtigt und ein großes Thema waren Süchte aller Art. Alkohol, Tabletten, weiche Drogen, harte Drogen, auch Internetsucht und Glücksspiel waren dabei. Alles, wonach man süchtig werden kann und die Konsequenzen daraus. Die Preise waren äußerst moderat und das Kaffeehaus war immer gut besucht. Mir fiel *Zombieball* von Georg Danzer ein, doch das war ironisch und eigentlich heiter gemeint, denn alle machten den Eindruck, als fühlten sie sich sehr wohl.

Auch ich fühlte mich von Tag zu Tag wohler, ich ließ die unguten Leute sowieso links liegen, gewöhnte mir eine neue Tages- und Nachtrhythmik an, sodass ich sogar beim Mittagessen stets pünktlich war. Sonst war ich untertags kaum mehr auf der Station, nahm nur die Pflichttermine wie Arztvisite, Therapien und eben Essenszeiten wahr, sonst war ich ständig auf Achse, mal ging ich nach links, um zu sehen, was hinter den Hügeln lag, mal nach rechts zu einem Kraftwerk, das sehr interessant war, wenn Schiffe geschleust wurden, und immer wieder ging ich nach Ostende. Das war natürlich nicht die Stadt an der belgischen Küste, sondern vielmehr eine Mole mit Grasbewuchs, die einfach aufhörte. Ich gab ihr den Namen Ostende, das setzte sich sogar im Therapiezentrum durch. Lustig, irgendwie. Auf der anderen Seite von Ostende war eine Holzfabrik und eine kleine Bucht samt kleinem Hafen. Manchmal konnte man dort Polizei oder auch Feuerwehrboote sehen. Und ständig hörte man die kreischenden Kreissägen der holzverarbeitenden Industrie. Ganz vorne an der Mole, wo man nicht mehr weiterkonnte, war das Jahr 1948 in Beton verewigt, dort stellte ich mich jeden Morgen, oft ganz zeitig, hin, breitete die Arme aus, machte ein paar Chi-Übungen, die ich in der Therapie gelernt hatte, wie tief atmen oder einen Punkt in der Ferne fixieren, sah den großen Fluss abwärts fließen und fühlte mich wie der König der Welt. Leonardo di Caprio lässt grüßen. Für mich ein ganz besonderer, magischer Ort, um meine Gedanken zu sammeln und gleich darauf wieder fließen zu lassen, dem Fluss übergeben. Ich schrieb Gedichte und Songtexte, schrieb Tagebuch, allein die Gitarre fehlte mir, doch die Melodien hatte ich im Kopf, die gingen nicht verloren.

Und so vergingen die Tage und es kam der Tag, an dem Angelika gehen musste, obwohl sie überhaupt nicht wollte, Ich konnte das nur zu gut verstehen, sie hatte einen Sachwalter und musste zu ihren Eltern zurück. Die Magd spielen am elterlichen Hof, was für ein blanker Horror! Ich hätte ihr so gern geholfen, doch ich konnte es nicht. Wie hätte ich ihr helfen können? Wir tauschten zwar Nummern aus und ich sagte, sie soll sich unbedingt melden, wenn das Grauen wieder beginnt, doch wir wussten wohl beide, dass es ein Abschied für immer war. Ich schenkte ihr noch eine Riesentafel Schokolade zum Abschied, worüber sie sich sehr freute, und ich konnte die Tränen in ihren Augen sehen. Was für eine arme Haut. Nie werde ich meinen 48. Geburtstag im Zusammenhang mit ihr vergessen, das war noch ganz am Anfang und mir ging es gar nicht gut und ihr ebenso wenig. Es war mein zweiter und ihr erster Tag in Therapie, wir zitterten beide, aber nicht etwa wegen des Alkoholentzuges, da bekamen wir Tabletten, sondern weil wir uns so extrem unwohl fühlten. Wir hätten am liebsten literweise Rotwein gebechert, was sowieso eine Illusion war, aber unser Gespräch war wichtig und befreiend, denn nachher fühlten wir uns beide erheblich besser. Sehr schnell waren wir Verbündete. Das half. Und wie! Ein wunderbarer Trost in einer mehr als schwierigen Situation.

Ich war schon um dreiviertel fünf aufgestanden, wow, das hätte ich in meiner Teufelsspirale in der großen Stadt nie und nimmer geschafft, geschweige denn wirklich lange Ausflüge zu unternehmen. Gestern schaffte ich einen neuen persönliche Rekord: Alles in allem waren es etwa siebzehn Kilometer. Ich hielt mich diesmal nach rechts, also nicht Richtung Schleuse und kam nach einer halben Stunde in einen wunderschönen, verwunschen wirkenden Wald. Das einzige, das die magische Atmosphäre störte, waren die immens vielen Radfahrer, die überall in dieser Gegend anzutreffen sind, und das ist auch verständlich, diese Gegend ist ein wahres Radfahrerparadies, Donauradweg, alles bestens ausgebaut und markiert, Gasthäuser, Kioske, die herrliche, sanfte Landschaft, einfach perfekt. Nur manchmal erschrickt man richtiggehend, weil sie eben so leise sind und man sie kaum hört, wenn sie plötzlich ganz nah an dir vorbeisausen.

Ich ging weiter durch Industriegebiete, kam am alten Hafen vorbei, wo alte, rostige, ausgediente Kähne vor sich hin dümpeln, während die Möwen über ihnen fiepend kreisen, und kam abermals in einen Wald und sah ein Schild, auf dem ein Gasthof empfohlen wurde. Ich spürte schon ein leichtes Ziehen in den Beinen, war durstig und wollte dort einkehren. Das tat ich dann auch, ich stärkte mich mit einem kleinen Kaffee und einem mit Leitungswasser aufgespritzten Fruchtsaft, dazu genehmigte ich mir eine Zigarette, die vierte an diesem Tag, ich zählte sie, um nicht den Überblick zu verlieren, versuchte, bewusst zu rauchen, mir nicht bei jeder sich bietenden Gelegenheit eine anzustecken. Die Kombination aus Kaffee, Saft und Tschick war köstlich. Nach dieser erfreulichen Pause ging ich weiter und kam an die Stelle, wo der kleinere Fluss in den großen mündete, kleine Inseln säumten die letzten Meter der kies- und sandbedeckten Böschung. Alle Menschen, die mir da wie dort begegneten, grüßten immer freundlich, man redete ein bisschen über das Wetter oder etwa Steinpilze, es wurde alles Gute gewünscht und jeder ging wieder seiner Wege. Ganz anders als in der großen Stadt, keine Spur von Hektik, kein unangenehmes Odeur von Großstadtmief. Ich sah Leute, auch viele Kinder, die sich an der Lände ein Lager aufgebaut hatten. Ich sah Autos, einen alten Wohnwagen, eine Feuerstelle, die einem Freiluftkamin glich, und spürte, dass die Menschen sich hier wohlfühlten. Ich spürte, dass die Menschen dort zufrieden waren, die Menschen dort waren glücklich. Ich war es auch.

Am nächsten Morgen stand ich wieder, wie so oft, sehr zeitig auf, duschte ausgiebig, die Dusche war um diese Zeit immer frei, man konnte duschen, solange man wollte. Ich musste immer ein wenig verschmitzt schmunzeln, wenn ich die anderen viel später angestellt vor der Dusche sah mit einem dementsprechend angefressenen Gesichtsausdruck, weil die Dusche so lange besetzt war. Eigenartigerweise gab es für alle nur eine Dusche. Wir sprachen mit den Schwestern darüber, die erklärten uns, dass das demnächst ausgebaut wird. Wie auch immer, mir konnte das herzlich egal sein, denn ich war immer der Erste. Das war der Bonus, den der zeitige Morgen bereithielt.

Erste Station, wie konnte es anders sein, Ostende. Mal kurz die Welt umarmen. Dann einer Katze gleich durch die noch stille Stadt, mittlerweile jeden Schleichweg wissend, vorbei an aufgeregten Enten, die sich schnatternd schnell Richtung Wasser bewegen. Die Sonne geht gerade auf, während der große, mächtige Fluss in gemächlicher Ruhe seine Schlingen zieht. Ein neuer Tag. Eine neue Chance. Ein neues Leben. Geschenke Gottes, oder wie immer man das Übergeordnete nennen mag, die wir täglich vergessen oder ignorieren oder einfach nicht mehr wahrnehmen können, weil alles ringsherum so vollgeschissen scheint.

Mit Speed, mit Hektik, mit Geld, mit Konsum, mit Gewinnmaximierung.

Dann wieder zurück auf den wunderbar romantischen Stadtgrabenweg, der versteckt und verzweigt seinen Charme blühen lässt.

Dann in die Bank, oftmals Wurzel allen Übels. Und rein, muss ganz einfach sein. Karte fürs Foyer, bitte warten, Tür öffnet, bitte danke, bitte ein Ticket für Konsumation, nein, am besten gleich mehrere, viele, viele bunte Scheinchen. Weiter in die Trafik zum immer gut aufgelegten Blonden mit dem Pferdeschwanz, Lotto, Euromillionen, man glaubt ja ans vermeintliche Glück. Weiter in die kleine Konditorei, guter Kaffee, die zweite Zigarette, der erste Drang zu schreiben, der immerwährende Drang sich zu bewegen, der Drang zu leben. Voll und ganz.

Also langsam fängt der Dicke an zu nerven, mein neuer Zimmerkollege, weiß nichts mit sich anzufangen, draußen der schönste Tag und er hängt missmutig in der Station herum, seine Unzufriedenheit ist förmlich spürbar. Ich hab ihm alle Ratschläge gegeben, die auch bei mir fruchteten und meiner Meinung nach Sinn machen: „Beweg dich mehr!", „Reduzier die Zigaretten!", denn er rauchte immens viel. „Trink nicht permanent picksüße Limonaden, und das noch dazu zweiliterweise!", doch das half rein gar nichts. Wenn ich einkaufen gehe, will er mitgehen, wenn ich auf einen Kaffee gehe, will er mitgehen, wenn ich mich in den Garten mit einem guten Buch setze, kommt er traurig angetrabt und so geht das beinah jeden Tag, seit er hier ist. Er tut mir auch leid, aber er nervt mehr, als er mir leid tut. Eindeutig. Er brauchte ständiges Entertainment, von selbst kommt da gar nichts. Manchmal schaut er mich so komisch schief an und ich kann seinen Neid spüren, doch der ist mir herzlich egal. Ich kann ihm die Hand reichen und das habe ich mehrmals getan, aber nehmen muss er sie selbst. Er ist ein echter Null-Bock-Dämon und mit Dämonen will ich nichts mehr zu tun haben.

Hab gestern einen kleinen Badeteich entdeckt und mich nach einem langen Marsch in die Fluten geworfen, was für ein Genuss. Am Abend war ich dermaßen erschöpft, dass ich schon um halb neun in die Federn gefallen bin.

Hab ich schon von Otto erzählt? Otto war überhaupt der Allererste, mit dem ich ein paar Worte wechselte. Er saß unten im Garten unter den Bäumen und erzählte mir, dass er schwerstkrank war und operiert wurde, es gehe ihm zwar schon etwas besser, doch leide er nach wie vor. Er war ein kleiner, alter Mann, der zum Gehen einen Rollator brauchte, der mit einem Teddybären und allerlei Gehänge verziert war. Er war sehr mürrisch, manchmal richtig grantig und herablassend, aber er hatte Schmäh. Manchmal echt guten, manchmal abgrundtief schlechten. Ein Wiener Vorstadtkind sei er gewesen, ein echtes Fußballtalent, doch dann kam ein schwerer Unfall dazwischen. In Sachen Fußball war er ein echter Experte. Noch einer. Wir sprachen viel über seinerzeitige Fußballgrößen, Krankl, Prohaska, Cordoba. Das war unterhaltsam und kurzweilig.

An einem grauen Tag kam ich von einem langen Spaziergang zurück, als es plötzlich anfing, wie aus Kübeln zu schütten, überall sprangen die Tropfen in alle Richtungen vom Asphalt. Um die Ecke war ein kleines Lokal, dort wollte ich den ärgsten Regen abwarten. Schon von Weitem sah ich Otto dort sitzen, der unter dem Vordach

Schutz gesucht hatte. Ich wunderte mich sehr, denn er hatte ein Glas Rotwein neben sich stehen und für uns galt eigentlich drinnen wie draußen absolutes Alkoholverbot. Er bat mich lautstark, mich neben ihn zu setzen und etwas zu bestellen. Ich bin eingeladen, sagte er und ich merkte an Sprache und Mimik, dass das bestimmt nicht sein erstes Glas Wein gewesen war. Ich bestellte einen kleinen Braunen und er laberte mich voll. Das war ganz lustig, er war sichtlich betrunken und nicht mehr ganz Herr seiner Sinne. Es regnete nach wie vor sehr stark und wir bekamen ein nicht unerhebliches Problem, denn Otto war mit seinem Rollator sehr langsam und, obwohl es nicht mehr weit ins Therapiezentrum war, der Regen würde ihn voll erwischen. Ich sah mich nach Autos um für einen eventuellen Lift für ihn, doch weit und breit war kein Fahrzeug zu sehen. Er sagte mir so nebenbei, dass es drei Viertel und ein Spritzwein Rot gewesen waren. So sollte ihn vom Zentrum eigentlich niemand sehen, doch er wollte unbedingt nach Hause, wie er es nannte. Wir überlegten hin und her, natürlich kam auch ein Taxi in Betracht, da fiel mir die Pizzeria daneben ins Auge. Ich stand auf und ging hinein. In der Pizzeria roch es ganz wunderbar und die Empfangsdame fragte mich, was sie für mich tun könne. Schnell erklärte ich ihr unsere Situation. Sie war ausgesprochen nett und sagte, das machen wir mit einem Boten, gratis. Die Pizzeria lieferte oft ins Zentrum. Natürlich wollte auch ich ob des Starkregens mitfahren, doch wir hatten nicht mit der Sperrigkeit des Rollators gerechnet, der partout nicht in den Kofferraum passte. Otto war so betrunken, dass er kaum mehr stehen konnte. Mit offenem Kofferraum zu fahren wollte der Bote nicht, so quetschte er das unförmige Metallgestell einfach auf die Rückbank, das ging sich aus. Jetzt war natürlich nur mehr ein Platz frei und es war wohl klar, dass dies Ottos Platz war. Otto zwängte sich mühsam auf den Sitz, schaute etwas verwirrt, schlug die Tür zu und das Auto brauste davon. Ich spürte mein aufkeimendes Lachen ob der doch sehr skurrilen Situation. Der Regen ließ dann nach und ich ging das letzte Stück zu Fuß. Ich war sogar schneller als er mit dem Boten und er freute sich sehr, mich im Zentrum zu sehen, immerhin hatte ich die ganze Geschichte eingefädelt. Später hörte ich, dass er aufgefallen war und einen Alkoholtest machen musste, natürlich fanden sie heraus, wie viel er im Blut hatte. Doch auch sein Aufenthalt neigte sich dem Ende zu und so beließen sie es bei einer Verwarnung. Alles andere wäre sowieso lächerlich gewesen, ein 76-jähriger Mann, der drei Tage vor seiner Heimfahrt zu tief ins Glas geschaut hat. Und weiter?

Die letzten Tage vergingen rasch. Ich war ständig unterwegs oder schrieb, ließ mir das wunderbare Essen schmecken und bereitete mich gedanklich auf die Heimkehr vor. Leicht, ja, leicht würde es nicht unbedingt werden, doch fühlte ich große mentale Stärke. Die Lust, etwas Alkoholisches zu mir zu nehmen, war so gut wie weg, aber es wäre schlicht gelogen, wenn ich sagen würde, ich hätte kein einziges Mal Lust auf ein Bierchen gehabt. Vor allem an sonnigen, heißen Tagen, wenn in einem Gasthaus im Gastgarten ein paar Studenten neben dir sitzen, die etwas zu feiern haben, ein Bier nach dem anderen zwitschern und permanent anstoßen. Das Bier war ja plötzlich nicht giftig geworden. Nur hatte ich halt viel zu viel getrunken und war so froh, den Absprung geschafft zu haben. So etwas setzt man nicht leichtfertig aufs Spiel. Es war und ist demnach für mich nicht schwer, dieser Versuchung zu widerstehen. Im Zentrum hatten sie Freude an mir, sie sagten ich bin ein Vorzeigepatient, was mich schon auch stolz machte. Wirklich, wenn ich zurückdenke, ich kam als Wrack, völlig fertig, verängstigt, auf Alkoholentzug, wusste nicht, was auf mich zukommt, die ganzen Therapien, die zum Teil sehr schrägen Patienten, so etwas ist ja nicht gerade einfach, überhaupt anfangs. Doch ich hielt durch und es fruchtete und ich freute und freue mich, dass ich meinen inneren Frieden wiedergefunden habe, mit der Gesundheit, der Liebe und der Kunst wohl die höchsten Güter des Menschen.

So kam der allerletzte Tag, ich hatte schon alles gepackt und war fertig für die Reise, hatte aber noch Zeit, bis der Bus kam. So ging ich nach Ostende, 1948, der König der Welt, legte mich ins Gras, schaute in den blauen Himmel und dachte an sie.

Ein Kater und eine Schlange, die sich in den Schwanz beißen

Uli Klepalski

Protokoll einer Lösung

27.6.1987: Mutter ist eine gütige, tolerante, selbstständige Frau, sie hat charmante Laster, wovon Rauchen das hervorstechendste ist. Aber charmant. Diese Laster hindern Mutter, eine Heilige zu sein. Weil Heilige will Mamà ganz und gar nicht sein. Und sie hat einen einzigen Schandfleck: mich, ihre Tochter. Die alle schlechten Eigenschaften hat, die sie Tugenden besitzt: Ungeduld, Eitelkeit, Trotz, Sucht. Mamà hingegen ist geduldig, verständig, auch ist ihr egal, wie sie ausschaut; und hat Laster. Charmante. Aus dem Leben der Mutter hinausschleichen wie aus dem Zimmer, in dem wir gemeinsam schliefen, nachdem ich aus dem Ehebett gepurzelt war, in welchem Papà und ich nächtigten. Ans Ende der Welt gehen und runtersteigen. Beim Aufwachen ist der Bettgast traurig, traurig und allein im eigenen Bett, das nur ihr gehört. Auch wenn die Träume Albträume waren – sie ist traurig, die Traumbühne zu verlassen und sich wieder auf der Plattform der Realität behaupten zu müssen. Mutterseelenallein in der Realität ihres Lebens.

Heute, sehr verehrter Herr Doktor, am 17.2.1988, eines Mittwochmorgens in der Früh, der Glaube zu wissen, es geht nicht mehr ohne. Mit letzter Kraft, rastloser Erschöpfung die notwendigsten banalen Verrichtungen wie Waschen, Einkaufen, Geld abheben, Apotheke, Katzenfüttern, Katzenklo; mit äußerster Disziplin beim Billa in der Schlange anstehen, die Augen halb schließen, um die Gesichter der Mürrischen und das grelle Licht, die abgestandene Luft nicht zu absorbieren. Das Hinauszögern um halbe Stunden, später Minuten, Sekunden mit dem Wissen: NACHHER. Die schraubstockartigen Schmerzen in der Hand, die roboterhaften abgezirkelten Bewegungen ohne Anmut, meine Ungeduld mit mir und dem Drumherum, mein Überdruss, der Blick in den Spiegel: Ekel!

8.8.1987: Mutter, ich möchte nicht streiten. Ich möchte nur etwas in den Raum stellen, gleichsam als Plädoyer meines Verteidigers, der Schuld vor dem absurden Gericht der Realität. Mein Gewissen und deine Hilflosigkeit sind die Kläger. Ich, der Knödel in meiner Kehle und du, wer immer du bist, sind die Angeklagten. „Wenn du weinst, Mutter, und ich dich tröste, fühle ich mich so stark wie Persephone. Ich bin Amazone, bin Urmutter. Trost ist ein klägliches Geschenk. Trost beruht für Spender und Empfänger auf Täuschung. Trost ist Täuschung, ist wie eine Droge, die mit falschen Wortgiften vortäuscht, was nicht ist. Hilfe vortäuscht, die von außen kommt und sich nach Ernüchterung als Trugbild herausstellt. Einsam und hilflos bleibst du zurück. Bin offen für alles und alles wirkt auf mich ein, glaube, alle und alles zu bemerken. Ich bemerke alles und alle, ohne selbst bemerkt zu werden. Da gibt es keinen Ausgleich. Und das hinterlässt Schatten.

Sich stark fühlen. Sich in schwachen Momenten daran erinnern, sich nüchtern UND stark gefühlt zu haben.

Das würde der Schwachheit ihre Monstrosität nehmen, sie gewissermaßen in den Winkel der Absurdität stellen. Schwachheit – eine harmlose Wachsfigur, die im Dunkeln Angst einjagt und an der Sonne schmilzt.

Ich habe Ihnen, sehr verehrter Herr Doktor, versprochen, einen Bericht zu schreiben, meine Beziehung zum Gift und deren Imponderabilien zu dokumentieren, Buch zu führen: Wie es mir im Sommer erging, vor dem ersten Rückfall nach dem Entzug in einer nicht mehr zu zählenden Reihe eben solcher, was ihn dann auslöste, wie aus dem Rückfall eine unregelmäßig gereihte Perlenschnur wurde – nur die kranke Auster spuckt schimmernde Früchte –, sich eine Regelmäßigkeit einstellte, wie wieder Abhängigkeit daraus wurde. Wir schreiben heute den 17.2.1988. Aber es sollte mir doch auch gelingen zu berichten, was in dieser Zeit seit dem letzten, nicht mehr gezählten Entzug im Frühjahr des Jahres 1987 im Leben meiner Mitmenschen, Mitwesen, der Mitwelt sich ereignete. Und unter dieser Bedingung werden Sie mir, verehrter Herr Doktor, das Mittel meiner selbstgewählten Qual in der Menge meiner Wahl zuteilen, bis ich es – das sagen SIE! – nicht mehr benötigen werde.

8.8.1987: Ich leide das Tageslicht nicht, die Sonne scheint als aggressiver Feind. Abends, wenn es finster wird, seufze ich erleichtert auf. Die Glühbirnen ausgebrannt, Kerzenlicht. Finstersüchtig. Mit dem Tod meines weißen Hündchens ist eine Epoche gelöscht, meine Jugend verbrannt. Doch Hundemädchen, Asien und Jugend leben in meinen Träumen weiter. Meist schlafen sie, aber manchmal werden sie munter und läuten ein Glöcklein.

Ein Ganesh fehlt noch, sieben müssen es sein, sieben gestohlene Elefanten. Mamà hat mich wie ein schmieriger Schleichhändler auf ihre giftige Güte süchtig gemacht. Ein Schwarzhändler bereichert sich materiell, was hatte Mutter, die Reine, für ein Motiv? Dummheit? Hoffentlich, für sie. „Immer wenn Bombenalarm war, hab ich im Luftschutzkeller Kartoffel in mich reingestopft. Dann ist mir die Angst vergangen." Ich erinnere mich dieser Worte von Mamà bei der Lektüre einer Biografie von Hans Fallada: „Die Kartoffel ist zu einer strategischen Waffe im Kampf gegen den Hunger geworden." Bei Mutter ist die Kartoffel, eine von ihren Süchten, zu einer strategischen Waffe gegen die Angst geworden. Wenn sie sagt: „Ich liiiebe Kartoffel!", und den verklärten Blick kriegt, rennt mir die Ganslhaut über den Rücken.

11.9.1987: Traurig. Die Menschen als Lückenbüßer für einen Opiatrausch. Erbärmliche Lückenbüßer, erbärmliches Ich.

12.9.1987: Sucht als Versicherung gegen Depression und Langeweile, das ist ein beschämender Gedanke. Trotzdem, die Sucht klopft an, die nächste Prämie ist fällig. Meine tägliche Liebelei, nein, Liebschaft mit dem Tod ist die Berauschung an einem makabren Wachtraum.

15.9.1987: Es ist noch nicht ausgestanden. Als bräuchte ich mich nicht von der Stelle zu rühren, denn die wenigen Dinge, die zählen, ereignen sich. Das Wenige, was ich tue, verrichte ich automatisch, wie ein Cyborg, vom Schicksal gelenkt.

Vor einer Stunde, sehr verehrter Herr Doktor, es ist nun übrigens eine Woche her, da wir unseren Handel „Worte für Gift" – sorgfältig dosiert das zweite – abmachten, notierte ich in die aktuelle Spalte: Es ist elf Uhr morgens. Der tagtägliche Bankweg, die tägliche Hundertschillingration. Sich selbst Kontrollpunkte setzen. Hilfen. Stützen. Fußstützen. Fußangeln. Kopfangeln. Kopfstützen? Willensstützen. Im Kopf immer schreiben, auf der Straße, im Geschäft, im Bus, im Bett, beim Fernsehen. Kein Fernsehen mehr. Vom 23. auf den 24.2.1988 fand ich keinen Schlaf, weil mir keine Einschlafgeschichte einfiel. Die Panik, einen Gedankengang, eine Formulierung zu vergessen. Auf der Straße so viel Schmutz, so viel Grau. Ein zufälliger Blick ins Schaufenster – zu viel bleiches Grün, schnell weggeschaut! Manchmal scheint das Leben so einfach. Dann aber wird wieder alles kompliziert, verkrampft, das Wiegen und Messen der Für und Widers, nichts darf übersehen werden. Und so notiere ich weiter: Kater Klatschmohn stinkt. Ein Haferkorn pickt auf seiner schwarzen Schnauze. Das Katzengras fault. Lesen und schreiben gleichzeitig geht fast nicht. Manchmal wünschte ich, ich hätte die Präpotenz meines Katers. Jeder muss sich in den Spiegel schauen können, ohne schamrot zu werden. Dazu sind Prinzipien.

26.9.1987: Mir träumte, ... große Trauer, mein Löwe ist tot. Ich träumte von einer Frau, die mich innig umarmte. Ich träumte von der Freude, der einsamen. Vor aller Welt, vor allem aber vor Mamà, suchte ich mich mit meinem Vorrat an einsamer Freude, den ich unter harten Kämpfen errungen hatte, hinter einem Paravent zu verbergen. Ich war zu Fuß. Die Welt war zu Pferde.

Mir ist sehr traurig zumute. Es liegt eine Traurigkeit und Angst in der Luft, die nicht mit Hunger und Kälte, noch Einsamkeit zu erklären ist.

Ich bin noch sehr nüchtern, sehr verehrter Herr Doktor. Auf den Dächern liegt Schnee. Es ist, als wolle man eine Tür schließen, aber es geht nicht, weil da etwas eingeklemmt ist, ein Pflock oder ein Gummibällchen, es spießt sich – so, wie die Seele im Innern der Kehle sich Raum nimmt, bis du nicht mehr schlucken kannst. Wenn mein Vater mit einer neuen Freundin und mir in die Sommerferien fuhr, hatte ich nichts von den Ferien außer Angina. Doch nun ist Februar 1988, und die Freundin meines Vaters ist seit Langem dieselbe. Was machen wir da, Herr Doktor, mit den Halsschmerzen? Nichts. Weinen. Immer wieder, Herr Doktor, der Gedankenfetzen: Sich umbringen, wie Nebelfetzen, eiskalt und feuchtklamm zieht er an meinen Augen, krallt sich in meine Stirn.

Gestern schrieb ich von Weinen. Heute, noch nüchtern, nach dem Einkaufen Schreien und hektisches Herumfuhrwerken, um nicht weinen zu müssen, verehrter Herr Doktor, nur bitte nicht weinen. Lüften. Putzmittel riechen ekelhaft, das grelle Sonnenlicht macht sie notwendig. Klatschmohns Blick rät mir zu einem kleinlauten Versuch, über mich selbst zu lächeln. Mir kommen die Tränen. Ich billige mir die ach wie geringe Menge des Mittels zu.

In der Nacht vom 22. auf den 23.10.1987, zwischen zwölf und ein Uhr: Ich muss mich umbringen. Wenn ich die Traurigkeit nicht mehr aushalte, muss ich mich umbringen. Doch die Traurigkeit hält mich fest. Hält mich aus. Ohne Traurigkeit bring ich mich um. Die Traurigkeit hält mich am Leben. Ich bring mich nicht um. Ich kann mich nicht umbringen. Ich darf mich nicht umbringen. Es geht mir gut.

Das ist es, sehr verehrter Herr Doktor, der Sie gestern, am 2.3.1988, so freundlich waren, mir eine noch nicht reduzierte Mittelration meines Mediums für die kommende Woche zuzuschreiben. Der Geruch ist es, der mich abstößt, der Geruch an Menschen, die den Großteil des Tages im Wirtshaus verbringen, dieser widerliche unverkennbare Geruch, der mir das Wasser in die Augen treibt und den Magen aushebt. Robert, der Fährmann erteilte mir für immer hin Fährenverbot. Hashüpf Drahsche kündigte mir seine Freundschaft auf, als ich das ansprach. Es ist der Geruch nach Einsamkeit, nach Menschen, die den unsichtbaren, zu großen Tschako der Einsamkeit über den geschrumpften Kopf gestülpt tragen. Mein Vater, verehrter Doktor, mein Vater steckte mich als Mädchen bis zur Brust unter den Wasserhahn, weil er dem Patchouli auf die Spur gekommen war: „Praterhur!" Unsichtbar, ungreifbar, unhörbar sind die lautesten Lacher in der Wüstenei der Einsamkeit.

17.11.1987: Du sollst dem Ochsen, der da drischt … Blind. Hab mir die Augen zubinden lassen. Das Maul hielt ich rasch von selbst. Ohne Dresche. Anstatt Mamà auszulachen, habe ich mir an steinharter, sturer Dummheit den Körper und die Seele blutig gewetzt, mich bös verletzt.

18.11.1987: „EINE Freundin haben ist nicht!" Regelmäßig zu Sommerbeginn wurde dieses Gebot von Muxi,

Mamàs Mutter, ausgesprochen. „Jeder muss jeden mögen. Überhaupt unter Geschwistern!" Ich bin Einzelkind. Ich habe eine um zwei Jahre jüngere Cousine namens Michaela und einen um zwei Jahre älteren Cousin namens Peter. Peter und Michaela sind Geschwister. „Papperlapapp! Das ist doch dasselbe. Vettern wie Geschwister. Mach doch keine Fisimatenten! Wer streitet, kommt ins Besenkammerl." Peter, Michaela und ich verbrachten die Sommerferien bei unserer Großmutter Muxi auf dem Land. „Omama" war gewöhnlich, genau wie „Mutti". Die Mutti meines Vaters war die Omama.

21.11.1987: Es gilt zu sagen, dass ich ganz und gar verzagt, nein Sch...dr... bin. Ich weiß nun, dass die Operation umsonst war. Seit drei Tagen solche Schmerzen, dass ich nur mehr schreien möchte. Gestern nur geweint, nicht mehr aufhören können. Heute, nach dem Rückfall, sind die Schmerzen fast weg, nur in der Hand ist ein taubes Gefühl geblieben. Ich glaube nicht, dass ich ein schlechtes Gewissen haben muss. Ich hätte es nicht ausgehalten. Ich will nicht ohne Opiat leben, nicht mehr. Ich, die sich so lange gegen die Resignation wehrte, kapituliere hiermit. Es geht mir nicht schlecht dabei. Schlechtes Gewissen ist nicht.

Heute, sehr verehrter Herr Doktor, wieder diese unerträglichen Schmerzen. Wo hielten wir gestern? Nur Mut! So lachen Sie doch. Das Gefühl, als ob die ganze Hand eine einzige Wunde wäre, das Wort „Beinhautentzündung" drängt sich auf, der Zahnarzt. Ich aß überhaupt nichts, drei Tage lang, Nachdem der Zahn aufgebohrt war, stank es bestialisch. Meine Mutter, die neben dem Behandlungsstuhl stand, wurde weiß im Gesicht, hielt sich die Nase zu und trat zurück. Der Geruch ist es! Aber weder wurde sie vom Gestank meiner angebohrten Beinhautentzündung ohnmächtig noch ich von dem Schmerz. Dies Gefühl, nach rechts umzukippen, nicht fallen, nicht stürzen, als ob da n i c h t s wäre, die rechte Körperhälfte verkümmert langsam. Mit dem Fingernagel des Zeigefingers schreiben, das tut nicht so weh wie mit den Fingerkuppen, schreib: SO LACH DOCH! Wir halten, verehrter Herr Doktor, es nach wie vor mit den Sinnen: Ich erinnere mich, Schoki lutschend, Nougatfülle saugend, dass ich zu irgendeiner Zeit gern geküsst hatte. Auch wenn mir der Mann nicht gefiel, manchmal mir sogar vor ihm ekelte, das Küssen machte mir Spaß. Sobald ich, die Augen geschlossen, versank in den Mund des anderen, war der Mensch, verehrter Herr Doktor, der dazugehörte, vergessen. Es gilt nur, sich zu überwinden, verehrter Herr Doktor.

28.11.1987: Ach Mr. Shelley, auch Sie verehre ich sehr. Doch Ihre Braut ist mein Geliebter. Ich bin so zu, dass es mich schleudert. Meine Augen strahlen wie halb verhängte, voll aufgedrehte Scheinwerfer.

29.11.1987: Seit Tagen, sehr verehrter Herr Doktor, belästige ich Sie nun mit meinem Geruchssinn. Vom Gang her riecht es nach Schnitzel. Ich spüre, dass mein Gesicht sich in wehleidige Falten des Widerwillens legt.

3.12.1987: Innere Sicherheit hab ich gar keine. Deswegen suche ich so verzweifelt eine Versicherung für die äußeren Sicherheiten, für die eine Sicherheit, deren Prämie in so erschreckend kurzer Zeit wieder regelmäßig zahlbar valid geworden ist. Seltsam ist nicht das, was man tut. Seltsam sind die Argumente, die dafür einfallen, dass man tut, die mich zur Wahl der einen Lösung aus den vielen möglichen bewegten. Und seltsam ist es, dass ich just auswählte aus den vielen Möglichkeiten, zu tun, was ich dann wirklich tat. Der Arzt damals im Spital meinte: „Sie müssen etwas finden!" Damals im Spital, auf der Intensivstation in Lainz. Ich konnte nicht aufstehen, nicht gehen nach dem gescheiterten SMV, wurde gefüttert. So viele Schläuche. Ich fragte mich in dieser Woche nie, warum ich geschrien hatte. Träumte den Vogeltraum: Ich war ein Zugvogel, der den Anschluss verpasst hatte. Allein zurückgeblieben. Winter. Eisige Kälte. Kein Futter. Alles ist kahl. Schwarz, Grau, Weiß. Auf einem Baum suche ich bei den Raben Zuflucht. Aber es ist kein Platz frei, alle Futterringe besetzt. Damals im Spital – ich träumte von dem Haus der einsamen Freude, welches ich vor Unzeiten in Varanasi häufig aufsuchte. Freude des Vergessens in den Armen der Erinnerung. Damals im Spital kam Mamà täglich. Wusch mich. Kämmte meine verfilzten Haare, in denen noch Reste von dem Gemisch aus geriebenen Mohnkapseln und Joghurt klebten. Und Erbrochenes. Schweiß. Manchmal glaubte ich, wieder Lehrerin zu sein. Im Gitterbett neben mir lag eine ehemalige Schülerin, nein, eine beliebige alte Frau und aß Mohnstriezel. Ich will nicht mehr daran denken. Auf der Neurologie habe ich oft geschrien. Vor Schmerzen. Weil ich stundenlang in den eigenen Aus- und Abfällen lag. Weil ich spürte, dass wieder ein Anfall kam. Aus Furcht.

Aus Angst. Die Nachtschwester stellte mich, mein Gitterbett auf den Gang, weil ich lästig war. Mehrmals hatte ich versucht, in, aus meiner Notdurft hochzukommen und war dabei zurückgefallen. Sie schimpfte, wieder Plastikwindeln. In dem Krankenzimmer gab es ein fahrbares Zimmerklo wie bei Ludwig dem XIV. Erbittert stritten die alten Frauen den ganzen Tag, wer dieses Paternosterwerk benützen durfte und wer auf den regulären Ort zu gehen hatte. Mir war es egal. Ich konnte nicht aufstehen. Ich hatte Plastikwindeln. Ich will nicht mehr daran denken. Weinen, nie mehr aufhören können, zu weinen. Schreien. Aus Wut. Aus Ohnmacht. Um Hilfe schreien. Warum, verdammt, hab ich um Hilfe geschrien, warum hab ich den Tod nicht kommen lassen? Nie wusste ich, was ich machen sollte, werden wollte, wenn ich endlich groß geworden sei. „Sie müssen etwas finden!"

Morgen hat Mamà Geburtstag. Mutter, du sollst wissen, dass ich dich so sehr liebe. Das Leben scheint so zerbrechlich, wie hauchdünn geschliffenes Glas. Sinneseindrücke sind gebündelte Lichtstrahlen, gebrochen und reflektiert durch geschliffenes Glas.

Gestern, sehr verehrter Herr Doktor, am 8.3.1988, wie spürte ich da Ihre Ungeduld. Es will nichts werden mit dem Reduzieren. Im Gegenteil, hätte ich mehr Mut gehabt, ich hätte Sie um eine Erhöhung der Mittelration gebeten. Die selbst verordnete Arbeitspause im Schreiben dieses Protokolls war keine gute Idee. Es ging mir schlecht, Doktor, das Schreiben fehlte, fehlt mir. Im Caféhaus suchte ich verzweifelt nach einem Zettel und kritzelte schließlich auf eine Reklameschrift: An der Füllfeder, die keine ist, denn sie funktioniert ja mit Patronen, kann ich mich festhalten. Und schrieb, sehr verehrter Herr Doktor, aus einer Tageszeitung ab: Prinzessin Stephanie von Monaco hat mit ihrem Begleiter – Heute morgen rief ich bei dem Verlag an. Man sagte, ich solle das Manuskript schicken. Wenn es fertig ist. Es wird dann fertig sein, wenn die Vergangenheit mit der Gegenwart zusammengestoßen ist. Wann wird es so weit sein? Lieber Doktor, wenn du doch nur – Ganz früh, um fünf Uhr morgens, wachte ich heute kopfschreibend auf. Das Kätzchen, sehr verehrter Herr Doktor, zuzelte laut schnurrend an meinem Ohrläppchen und kaute an meinen Haaren. „Er hat mir selber geholfen." Diesen Satz träumte ich, Herr Doktor, ehe ich um zwei Uhr nachts erwachte. Große Schwierigkeiten, nochmals einzuschlafen. Ohrensausen, Herr Doktor, und Kopfschmerzen. Noch ein Traum: Herr Beinwachs, mein alkoholischer Nachbar, hatte einen Löwen. Der stand auf einmal in meiner Küche. Der Löwe. Und hintendrein der Beinwachs.

9.12.1987: Und immer wieder begegne ich Händen. In dem, was ich lese (Leo Perutz, *Zwischen neun und neun:* „Die Handschellen waren durch die Gewalt des Sturzes zerbrochen. Und Dembas Hände, die sich in Angst versteckt, in Groll empört, im Zorn zu Fäusten geballt, in Klage aufgebäumt, die in ihrem Versteck stumm gezittert, in Verzweiflung mit dem Schicksal gehadert, in Trotz gegen die Ketten rebelliert hatten – Stanislaus Dembas Hände waren endlich frei."), in Erzählungen, bei anderen Menschen. „Mit einer durch einen alten Unfall versteiften Hand nicht mehr Arbeit zu finden." Und immer wieder begegne ich dem Gedanken und der Botschaft, mit meinem Schicksal, egal, was es auch sei, nicht allein zu sein. Das ist tröstlich gleich unheimlich.

28.12.1987: Ein Tag, an dem die schwarzen Kater acht Beine mit gespreizten Krallen und sieben Schwänze mit gesträubtem Fell haben, die Luft klirrt und meine Nerven seidene Telefondrähte sind, die in atonalen Disharmonien schrillen. Es gibt Kinder, die stürzen sich gierig auf eine Mehlspeise, picken mit sicherem Blick das geilste, schokoladigste Teil heraus und schlucken, fast ohne zu kauen. Stopfen, ohne zu verharren, den Rest nach. Es gibt aber auch Kinder, die sich das verlockendste Teil bis zum Schluss aufheben, es endlich genüsslich auf der Zunge zergehen lassen. Mit der Forderung nach unbedingter Wahrheit, dem strikten Verbot zu lügen, machte Mamà mich glauben, dass sie immer die Wahrheit spricht. Das ist ein ganz gemeiner Trick. Ob sie selbst ihn durchschaut? Oder ob sie an ihre Lauterkeit glaubt und sich selbst an der Nase herumführt? Manchmal glaube ich, Mamà ist bauernschlauer, als der liebe Gott erlaubt. Aber um dessen Erlaubnis braucht sie sich nicht zu kümmern, da sie nicht an ihn glaubt.

7.1.1988: Wärme der Stimmen, Wärme des Essens, Wärme der Gesten. Selbstlos, gütig, anonym. Verschwinden hinter einer Fassade des Gehorsams, verschwinden, wohin? Sie ist ja da. Ich bin ja da!

26.1.1987: Doktor G. lehnt es strikt ab, mir eine regelmäßige synthetische Hilfe zur Unterstützung der einsamen Freude zu gewähren. Er stellte mir ein Reparaturrezept aus, vierzehnmal einzulösen, täglich einmal; exakt und höchst gering dosiert ist der Hustensaft, welcher dem Gift immerhin verwandt. Vierzehn Tage, das ist eine kurze Versicherungsperiode. Es ist ein schäbiger Kurzurlaub vom Grau der Kränkung. Anschließend hätte ich mich wieder ins sinnlose Nichts zu gewöhnen. Doktor G. ist ein Sadist. Er ist ein Kontrollor mit Rezeptblockmacht.

Nun, verehrter Herr Doktor, ich weiß nicht, ob Sie verstehen können, wie ich damals empfunden habe. Es stand nicht in meiner Macht, es war mir nicht möglich, Ihnen die Wahrheit über den letzten Entzug zu berichten, und welch Misserfolg der Anspruch auf endgültigen Abschied vom Mittel dies war. Ich wagte es nicht, die Wahrheit zu sagen, ich schämte mich meines Kreuzes, ich wollte Sie nicht mit meinem hässlichen Leben behelligen, Ihnen, verehrter Herr Doktor, das Ihrige nicht verdunkeln. Sie sprachen damals von einem Ränzlein, das hüpfte lustig auf Ihrem geraden Rücken, ich schleppe mich krumm an meinem Kreuze. Heute, am 9.3.1988 entschuldige ich mich schreibend, so ist es leichter, verehrter Herr Doktor, für den Sadisten mit Rezeptblockmacht, für den Kontrollor entschuldige ich mich nicht. Ich bin Ihnen dankbar, Doktor, immerhin verlängerten Sie meinen mittelmäßigen Kurzurlaub, wenn Sie mir auch nicht gestatten – wie könnt ich mich erniedrigen vor dir, um mehr zu bitten, wo ich doch ganz anderes möcht. Mein Vater, verehrter Doktor, der hatte eine Schularbeitenkalendermehrfarbenkuli-Macht.

Ich füge dem noch, verehrter Herr Doktor, drei Sätze hinzu: Ich habe gekämpft wie ein Löwe. Ich wehre mich gegen die Sucht. Als ich müde genug war, hat sie mich überwältigt. Das schrieb ich eine Woche nach unserem exakt und höchst gering dosiert giftigen Handelsabkommen, Doktor, welches heut längst sein Ende gefunden hätte haben sollen. Sie hatten ein Einsehen. Der dosiert, nicht reduziert giftige Handel hat heute, am 9.3.1988, noch kein Ende: Worte für Gift.

9.2.1988: Solche Angst vor dem Aufwachen. Und deswegen vor dem Einschlafen. Weil nach dem Aufwachen NICHTS ist. Ich kann mich dann nicht finden. Das Alleinsein ist so kalt.

Ich wachte auf, es war Nachmittag, lag ganz allein im Bett, in einem fremden kalten Bett, in einem fremden kalten Zimmer. Ganz allein. Hatte solche Sehnsucht nach den Eltern. Weinte. Weinte. Die Tanten, die anderen Kinder waren weg, wandern gegangen, sagte die Wirtin. Als sie zurückkamen, weinte ich immer noch, schämte mich sehr und konnte dennoch nicht aufhören. Auf der Jungscharwoche hab ich nichts gegessen, nur Kakao getrunken. Hat so gestunken, das Essen, es hebt mir den Magen aus. Ein Mädchen bekam Scharlach. Dauernd mussten wir uns die Hände mit der roten Flüssigkeit waschen, Scharlachrot. Kaliumpermanganat. Die Angst vorm allein aufwachen ist scharlachrot.

10.2.1988: Ich erkenne in den Falten meines Rockes, der da auf dem Bett liegt, mein Gesicht wie in einem altersdunklen Spiegel.

Alles eliminieren, was Einbildung, Ausrede ist. Das, was übrigbleibt, kann, will, werde ich Doktor G. auf dem silbernen Tablett meiner Ehrlichkeit servieren, schrieb ich am 26.2.1988. Gestern hat es den ganzen Tag dicke fette Schneeflocken geschneit. Am Nachmittag hatte der Schornstein vom Haus gegenüber eine vierschrötige Haube auf. Heute, am 15.3.1988 tropft es. Nass. Ins Genick. Auf die Nase. Auf den Kopf. Von oben. Von den Dächern, Dachrinnen, Bäumen. Vom Himmel. Das Dach vom Haus gegenüber hat nur mehr eine weiße Borte, der Schornstein hat seine Haube verloren. Heute Abend wieder Schlagabtausch, Herr Doktor. Wird die Schlange ihre Mahlzeit dann beendet haben? Wenn du nur wolltest, ich ließe jedes Mittel! Die Schlange hat sich noch nicht aufgezehrt. Es ist Nacht. Ich kann nicht schlafen und lese, dass ich am 27.2.1988 schrieb: Das Kätzchen sitzt auf dem Fensterbrett, fasziniert. Es macht Halb-halb-Hüpfer, tanzt Schneeflockenballett, streicht mir verliebt um die Beine. Der Schnee liegt bereits einige Zentimeter hoch. Lese, verehrter Doktor, dass ich am 1.3.1988 schrieb: Dicke weiße Schneeflocken fallen vom Himmel. Ein bleicher Fast-Vollmond hängt in einer hauchdünnen fetzigen Nebelgaze. Morgen werde ich Doktor G. wiedersehen. Am 2.3.1988, lieber Doktor, schrieb ich: Ich möchte wissen, was ich machen werde, wenn ich mit dem Protokoll der Vergangenheit in der Gegenwart dieser Frage gelandet sein werde.

Nun, mitten in der Nacht vom 15. auf den 16.3.1988 frage ich: „Welcher Frage?" Die Schlange der Zeit beginnt zu manipulieren. Sie hat jetzt keinen Appetit auf diese Frage und verschiebt sie in die Zukunft. Eben war ich eingenickt und träumte: Männer kamen, ihn abzuholen. „So gib ihn schon her, den Kater!" Ich wachte auf, voll der Sorge. Sie hatten mich bedrängt, nach mir gegriffen. „Wir müssen ihn mitnehmen!" Da liegt das

Kätzchen, Herr Doktor, auf meinem Bauch und schnurrt. Sieht so zufrieden aus, als würde es gekrault. Tatsächlich habe ich Klatschmohn schon eine ganze Weile gekrault und kraule ihn immer noch.

Am 2.3.1988, Doktor, schrieb ich weiter: Manchmal, wenn ich schnell aufstehe, passiert es mir, dass ich nach rechts ein-, umknicke. Lautlos und unvermutet rutscht die rechte Körperhälfte weg. Da möcht ich schreien, Doktor, vor Zorn. Gegen Morgen, am 16.3.1988, träume ich, dass ich läse: 4.3., sieben Uhr abends: Gestern Nacht hat mich Mr. Shelley im Traum besucht. Es klopfte an der Tür und ich überlegte, wollte gar nicht hingehen. Gar nicht aufmachen. Da sah ich Shelley über die Straße kommen, auf das Haustor Erdbergstraße 110 zusteuern. Als ob in meinem Kopf ein Fenster wäre, ein Fenster mit Aussicht auf die Erdbergstraße. Und wer war das Klopfen? Es hatte geklopft. Ich sah ihn die Stufen bis in den dritten Stock heraufkommen, vor der Wohnungstür Nr. 26 stehenbleiben, die Hand heben, klopfen. Hat es zweimal geklopft? In Mr. Shelley könnte ich mich nie verlieben, verehrter Herr Doktor, obwohl ich ihn sehr verehre. Er hat ohnehin eine Braut. Und dieser Braut, Doktor, werde ICH mehr und mehr überdrüssig. Der 16.3.1988 ist müde geworden: Auf den Mut kommt es an, auf den Mut zur Angst vor den Ängsten. So schreibe ich, Doktor, vertausche dann den Bleistift mit dem Striegel, einem sanften Striegel, Herr Doktor, lege vorher noch die *Unvollendete* auf, bürste den Kater, blättere und lese.

7.3.1988: Der Kater ist so kurzsichtig. Wie ein alter Maulwurf sucht, tastet er mit seiner kleinen schwarzen Schnauze den Parkettboden nach seinem Bällchen ab. Ich würde ihm gerne eine Brille aufsetzen, eine altmodische runde Nickelbrille. Professor Klatschmohn. Morgen werde ich Doktor G. wiedersehen.

17.3.1988: Es ist noch früh. Ich sitze im Autobus auf einem Fensterplatz und schaue geistesabwesend hinaus. Ertappe mich, dass ich an Sie, lieber Doktor, denke, dass ich denke, es ist zu Ende. Im Frühling häuten sich die Schlangen. Und ein Kater verliert seinen flaumigen Winterpelz.

Anleitung für eine Nacht im Gefängnis

Helga Futter

Am besten Sie sind jung und unschuldig.

So wie ich, 23, alleinstehend und Mutter einer sechsjährigen Tochter namens Sarah. Ich eile von meinem Job beim Zielpunkt um zwei nach Hause. Der Trubel um die Mittagszeit, wenn alle in den umliegenden Büros gleichzeitig Pause machen und bei uns einkaufen gehen, ist nervig. Ich weiß, Sarah spielt gerade bei ihrer Tante. Ich freue mich auf Ruhe und meine Couch. Endlich werde ich meine Schuhe ausziehen und die Füße auf den Tisch legen können. Kaum bin ich bloßfüßig, klopft jemand laut an die Tür. Das kann nur mein Bruder sein, der meine Tochter früher als vereinbart nach Hause bringt.

Bleiben Sie gefasst, wenn Action-Filme Realität werden.

Nein, das ist er nicht. Sechs Männer stehen verteilt am Gang. „Polizei. Wir haben einen Durchsuchungsbefehl." „Wie bitte?" „Einen Durchsuchungsbefehl. Wir müssen reinkommen." Das hab ich noch nie erlebt. „Worum geht es denn?" „Sind Sie mit einem Thomas Schnell liiert?" „Nein, gestern hab ich mit ihm Schluss gemacht." Drei Monate bin ich mit ihm zusammen gewesen. Ich wusste, er hat Dreck am Stecken. „Wir haben Sie und Ihren, na ja, Exfreund zwei Monate observiert. Wir sind überzeugt, er dealt mit Drogen. Und Sie? Haben Sie auch mitgemacht?" "Nein, sicher nicht. Als ich gestern drauf gekommen bin, habe ich sofort Schluss gemacht." Ganz so war es nicht. Eigentlich hab ich das schon früher geahnt. Auf jeden Fall hat er immer wieder einmal eine Straße Koks gezogen. Bei ihm zuhause.

Lernen Sie vorab, Teddy-Bären zu verarzten.

"Wir müssen jetzt Ihre Wohnung auseinandernehmen." "Sie werden nichts finden. Sie könnten sich und mir die Arbeit ersparen." Sie wollen aber arbeiten. Meine Wohnung ist überschaubar. Eine Wohn-Schlaf-Küche und ein winziges Kinderzimmer. Sarah und ich fühlen uns da mit unseren Fotos an der Pinwand, den Kakteen auf der Fensterbank und der bequemen Couch wohl. Zwei Beamte beginnen die Küchenkasterl auszuräumen und begutachten jeden Teebeutel. Zwei andere untersuchen Sarahs Hochbett. Ich kann kaum zuschauen, wie sie die Stofftiere aufschlitzen. Ihren Bären, eine Katze und ein rosa Schwein. Ich hoffe, sie wieder gut zusammennähen zu können. Die letzten zwei inspizieren die Klospülung und die Kosmetiktasche. Die Tampons und Wattestäbchen landen am Boden. Wie im Film. Nachher schaut alles aus wie Sau.

Sorgen Sie für Beweise Ihrer Unschuld.

"Da ist eine hohle Wand. Da müssen wir nachschauen." "Bitte, nicht! Die hab ich erst vor einem halben Jahr aufziehen lassen. Auf Anordnung des Jugendamtes, damit meine Tochter einen eigenen Raum hat. Zwischen den Rigipsplatten sind Styroporkügelchen. Wenn die rauskommen, dann liegt hier Schnee." „In hohlen Räumen werden oft Suchtmittel versteckt." „Aber die Wand ist doch frisch ausgemalt. Sehen Sie da irgendwo Spuren zu einem Versteck?" Ich nehme flott die Bilder runter und schiebe das Regal zur Seite. Da helfen mir die Beamten.

Es empfiehlt sich, immer Kaffee zuhause zu haben.

„Herr Inspektor, machen Sie doch mal Pause. Ich bereite Ihnen einen frischen Kaffee zu. Danach können Sie immer noch entscheiden." So gut es geht, setzen sich die drei verbliebenen Kriminalbeamten auf die Couch. „Wir haben Sie oft beobachtet, wie Sie abends mit ihrer Tochter nach Hause gekommen sind. Sie haben immer so nett miteinander gescherzt." „Wir haben oft Spaß miteinander." „Sie schauen eigentlich eher wie große Schwester, kleine Schwester aus." „Glauben Sie mir, ich kann mich gut daran erinnern, wie ich sie auf die Welt gebracht habe. Wollen Sie noch einen Kaffee?" „Nein, danke. Wir werden Ihre Wand doch stehen lassen. Wir haben rein gar nichts Verdächtiges bei Ihnen gefunden. Wir sind fertig."

Sie sollten eine unkomplizierte Schwägerin haben, bei der Ihre Tochter übernachten kann.

„Trotzdem müssen Sie mit uns mit aufs Kommissariat kommen." „Wie bitte? Wozu denn das?" „Sie können den Haftbefehl sehen." „Aber wozu? Sie haben ja selbst gesagt, dass Sie bei mir keine Drogen gefunden haben." „Eine Kollegin muss bei Ihnen eine Leibesvisitation machen. Wir brauchen auch noch Ihre Aussage zu ein paar Fragen." Ich sehe wie einer von ihnen Handschellen in die Hand nimmt. „Die werden Sie mir jetzt doch nicht anlegen? Das ist doch ein Scherz?" „Laufen Sie uns davon?" „Sicher nicht. Warten Sie, ich muss noch meine Schwägerin anrufen und ihr sagen, dass ich meine Tochter erst später abholen kann." „Sagen Sie ihr besser, erst morgen oder in ein paar Tagen."

Reden Sie nicht mit anderen Personen, schon gar nicht in einer anderen Sprache.

Im Kommissariat geht einer der Polizisten mit mir in den Keller. In einem kleinen Raum soll ich warten. Ich stelle mich ins letzte Eck. In den anderen drei steht schon jeweils eine Frau. Zwei sind etwa dreißig und leicht bekleidet. Im letzten Eck sitzt ein Koloss von einer Frau in Uniform. Offensichtlich eine Wärterin. Die Dreißigjährigen beginnen laut miteinander zu reden. Ich verstehe ihre Sprache nicht. Da brüllt der Koloss: „Stopp. Keine Absprachen." Ich traue meinen Augen nicht, als sie zuerst zu der einen, dann zur anderen hingeht und ihnen eine runterhaut. Da krieg ich Panik. Ich bin in meiner Jugend oft geschlagen worden, aber doch nicht von der Polizei. Komm ich auch noch dran? Dann werden die Dreißigjährigen jeweils einzeln in einen Nebenraum gerufen. Beide kommen nach einer Weile wieder heulend heraus. Was passiert dort denn?

Googlen Sie „Leibesvisitation", um vor Überraschungen gefeit zu sein.

„Frau Berger, bitte reinkommen." Ich fühle mich gar nicht wohl. Wieder ein kleiner Raum und zusätzlich unsympathisches Licht von den Neonröhren an der Decke. Die Polizeibeamtin schaut mich freundlich an. „Was hamma denn versteckt?" „Ich? Nichts. Und wenn ja, wo denn?" „Ziehen Sie sich mal aus. Sie brauchen nicht gschamig sein. Ich habe schon viele nackte Frauen gesehen." Sie fordert mich auf, mich nach vorne zu beugen, damit sie mich „da unten, vorne und hinten" inspizieren kann. Dabei zieht sie sich Plastikhandschuhe an und greift auch noch hinein. Die Beamtin ist zwar behutsam, aber ich hasse es von anderen angefasst zu werden. Ich bin als Jugendliche sexuell missbraucht worden. Ich empfinde diese Untersuchung erniedrigend. „Jetzt bringe ich Sie in Ihre Zelle." „Aber ich bin doch clean. Wieso das denn?" „Der Haftbefehl sagt das. Tut mir leid."

Es wäre gut, wenn Sie alle körperlichen Bedürfnisse unterdrücken können.

Ich stehe in der Zelle. Es ist ärger als im Film. An der Wand steht ein Betonblock mit einer Matratze, einer rauen Decke und einem harten Kopfpolster. Wieder gibt es Neonlicht an der Decke, das die ganze Nacht durchleuchten wird. In einem Eck liegen ein umgekippter, schmutziger Kübel und ein Deckel. Den werd ich sicher nicht benützen. Da graust mir davor. Wasser trinken werd ich auch nicht. Im Becher schwimmen die Tschick vom vorigen Gast. Ich habe Angst. Vor dem Nicht-schlafen-Können, aber vor allem, weil ich nicht weiß, was mir noch passieren wird.

Schreien Sie, wenn Sie schlecht schlafen.

Ich werde verfolgt. Es sind mindestens fünf dunkel gekleidete Männer. Mitten in der Stadt und mitten in der Nacht. Ich laufe die Mariahilfer Straße hinunter. Barfuß, weil ich meine Stöckelschuhe ausgezogen habe. Kein Mensch ist zu sehen. In den Wohnungen über den Geschäften leuchtet hier und da Licht. Ich schreie um Hilfe und werde Gott sei Dank munter. Jetzt will ich nicht mehr einschlafen. Ich könnte weiter träumen. Ich bin völlig durchgeschwitzt. In der Früh wird mir die Gemeinschaftsdusche angeboten. Überall kleben Haare im Waschbecken und in der Duschtasse. Nein, danke. Ich sitze wieder in der Zelle und warte. „Frau Berger, bitte mitkommen." Die Aufseherin bringt mich ins Erdgeschoß. Sie wartet mit mir vor der Türe mit dem Schild „Vernehmungszimmer". Der freundliche Polizist vom Vortag, er stellte sich als Inspektor Brunner vor, bittet mich herein.

Seien Sie ehrlich, denn die Polizei weiß alles.

„Guten Morgen. Wollen Sie einen Kaffee?" „Ja, bitte, und ein Glas Wasser." „Wollen Sie heroben duschen gehen?" „Wie lange bin ich denn noch da?" „Das wissen wir noch nicht." „Duschen möchte ich erst wieder zuhause, aber aufs Klo gehen müsste ich." Inspektor Brunner begleitet mich zum Bediensteten-WC. Da ist es sauber. Zurück im Vernehmungszimmer wartet schon der Kaffee. Ich fühle mich fast wieder wie ein Mensch. Jetzt werden mir die Fragen gestellt. Wo Thomas gedealt hat. Wer seine Freunde sind. Wo und wie er das Kokain gestreckt hat. „Ich weiß das alles nicht. Ich war nie weg mit ihm. Zu mir nach Hause hat er nie Drogen mitgenommen. Als er vorgestern, bei ihm in der Wohnung, in der Kerensstraße, eine große Menge Kokain ausgepackt hat, hab ich Schluss gemacht und bin gegangen." Ich sage alles, was ich weiß. Die Polizei ist eh unterrichtet.

Passen Sie genau auf, wenn Sie verhört werden.

Zum Schluss bitten sie mich, einen Ordner mit Fotos anzuschauen. „Wenn Sie jemanden erkennen, sagen Sie es uns bitte." Da passe ich auf. Ich hab einmal ein Jahr im Puff als Bardame gearbeitet. Da lernt man so einige kennen, die die Polizei scheuen. Wenn ich jetzt jemanden preisgebe, könnte er womöglich herausfinden, dass ich ihn verpfiffen hab. Dann würde es mir schlecht gehen. Also sag ich immer: „Nein, den kenn ich nicht." Auch wenn's nicht stimmt. Die Zeit im Bordell habe ich schon längst bereut. Nicht weil mir jemand zu nahe gekommen ist, das war nicht der Fall gewesen, aber das Milieu war mit der Zeit beängstigend. Hinter der Bühne wurde um die Freier gestritten. Hatte jemand der Presse einen heimlichen Tipp gegeben, wurde er zusammengeschlagen. Als ich kündigte, wurde mir eine anonyme Anzeige wegen lasterhafter Lebensführung beim Jugendamt angedroht, würde ich vom Schwarzgeld erzählen.

Nehmen Sie Ratschläge von freundlichen Polizisten an.

Inspektor Brunner schließt meine Vernehmungsakte. „Was passiert jetzt mit mir?" „Was wünschen Sie sich denn? Einen zweiten Kaffee?" „Nein, danke. Aber nach Hause gehen und meine Tochter holen, würd ich gern." „Dann tun Sie das. Wir sind fertig. Vielleicht kriegen Sie noch einmal Post von uns. Wir raten Ihnen dringend von weiteren Kontakten mit Herrn Schnell oder irgendeinem anderen Drogendealer ab. Ein zweites Mal kommen Sie nicht so ungeschoren davon." „Sicher nicht. Ich hab keine Lust, noch einmal in den Keller zu gehen."

Sie sollten niemandem von dieser Nacht erzählen.

Ich habe die Wohnungsdurchsuchung, die Leibesvisitation und die zermürbende Nacht in der Zelle damals, 1998, niemandem erzählt. Ich hatte Angst, irgendjemand würde mich beim Jugendamt verpfeifen. Heute, 25 Jahre später, kann ich über diese Nacht lachen. Das war kein Film gewesen, sondern hat sich genau so zugetragen.

Fit for life – Literaturpreis

PreisträgerInnen
2020

Martin Weiss – *Leb wohl, bequemes Elend*
Ulrike Ajili – *Kann ich mir bitte ein Gefühl ausborgen?*
Heinz Achtsnit – *sei nicht stolz, mein junge, sondern dankbar!*
Barbara Rieger – *Neunzehn*

Leb wohl, bequemes Elend

Martin Weiss

Der erste Kontakt

Waldviertel; romantisches Lagerfeuer der Dorfgemeinschaft; ich – vielleicht elf, zwölf, höchstens dreizehn Jahre; die Ehre, für ein ordentliches Feuer zu sorgen und Knackwürste mit zwei kreuzförmigen nicht zu tiefen Schnitten an den Enden vorzubereiten; ein Dorfbub mit einem Viertel Wein; „kannst schon trinken"; erster zaghafter Schluck, dann noch einen und einen dritten; scheiße, schmeckt entsetzlich, zum Kotzen; dies sollte später kommen; aber plötzlich unbekannte wohlige Wärme; meine schüchternheitsbedingte Anspannung weicht einer bis dato unbekannten Lockerheit; plötzlich rede ich und unterhalte die Runde ums Lagerfeuer; der furchtbare Weingeschmack weicht dem Bedürfnis nach noch einem Viertel; nehme mir selbst den Doppler und schenke nach; niemand protestiert; Lachen angesichts eines zunehmend alkoholisierten Kindes, oder Jugendlichen; die Knackwurst verschwimmt bzw. verdoppelt sich; ich schneide mir voll in den Daumen; völlig egal; möchte nur dieses wunderbare, ungewohnte Gefühl festhalten; eine Universalmedizin eröffnete sich mir.

Lagerfeuer vorbei; liege im Bett; dieses beginnt sich mitsamt dem Zimmer zu drehen; mir wird schlecht; muss mich aufsetzen; die Dreherei hört auf; lege mich wieder ins Bett; das gleiche Ringelspiel; ich muss kotzen; schaffe den Weg ins Klo nicht mehr und kotze neben das Bett; meine Kotzspur reicht vom Zimmer die paar Meter bis zum Klo.

Mopedzeiten; wir Kings of the Road jeden Samstag in die Disco; Mission: Mädels aufreißen; keine Chance; erst nach zwei Bier die Erleichterung über die sich auflösende Schüchternheit und Nervosität; Mädels, wo seid ihr? Ich bin da und ready.

Studium; Vorbereitung für diverse Diplomprüfungen; unbeschreibliche Prüfungsangst und Verspannung; liebe Prüfungsangst, liebe Versagensangst; ich hab was gegen euch: einen mit Bierdosen prallvollen Kühlschrank.

Nervus suprascapularis

Ordentlich vertragen, trinkmengenmäßig mithalten, über dumme tiefe Witze lachen, dazugehören; besoffen am Gehsteig vor der Stiegen-Eingangstür; hochrappeln; plötzlich helfende Hände, Eingangstor und Wohnungstüre aufgesperrt, ins Bett gelegt; Katzenklo gereinigt, Katzen gefüttert.

Das Morgen; Elend; die erste Zigarette drehen; gedankliche Rekonstruktionsversuche der letzten Nacht; beim „Hömerl"; Scheiße gebaut? Schulden gemacht, alles bezahlt?

Nervus suprascapularis

„Servas Hömerl, hob ich …"

„Wie geht's da, Oida? Gestern hast ordentlich einen über den Durst getrunken, scheiß dich nicht an, da trink ein Bier und dir geht's gleich besser."

Nervus suprascapularis

Die fünfte Tschick beim dritten Bier; Wärme; einkehrendes Wohlbefinden; Erleichterung; Relativierung der vergangenen Nacht.

Um Gottes Willen, 14:00 Sezierkurs

Die Freipräparation des Nervus suprascapularis

Inklusive Zeit in Bim und U4 bis Landstraße, dann fünf Minuten Gehzeit in die Ungargasse ins Tierspital; noch drei Stunden Zeit zum Lernen und Vorbereiten; nein, Moment; wiederholen!!! War letzte Woche beim Pferd; heute Hund; anatomische Zugangsweise gleich; Orientierung am Trapezius, lateral; Scapula bis zur Incisura scapulae; dort kommt er raus; bitte lieber Gott, lass es einen Schäfer sein; nur keinen Dackel oder gar Chihuahua – das bedeutet Millimeterarbeit; mit zittriger Hand keine Chance; ein durchtrennter Nerv wird nicht verziehen (Superkleber ist Standardausrüstung in den weißen Kitteln der sezierenden StudentInnen); sicherheitshalber noch ein schnelles Bier in der Mensa; endgültig kein Zittern mehr; das Hirn klart unerwarteterweise völlig auf; selbst die gelegentliche Fangfrage nach dem Zugang zum Schlüsselbein der Katze könnte ich beantworten; geht nicht; Katzen haben kein Schlüsselbein, sondern nur eine sehnige intersectio clavicularis im M. brachiocephalicus; selbst dessen Ursprung, Ansatz, Wirkung und Innervation ist plötzlich präsent; jetzt nur nix vergessen: weißer Kittel, Sezierbesteck, Superkleber, Mundspray und Mentholzuckerl.

Linz

Ich wache auf; die Sonne? Nein, Männer in oranger Arbeitskleidung; die 48er.

„Brauchen's einen Arzt?" „Nein wieso?" Eine blutig verkrustete Wunde an der Stirn.

Kein Problem; wichtigstes Problem: „Wo bin ich?" „Vorm Westbahnhof." „Wie komm ich hierher?" Gelächter der 48er; „Des müssen Sie schon selbst wissen."

Aufsetzen, nur aufsetzen; 7:30 Uhr; ich schwitze den kalten, stinkenden Schweiß, meine Hände zittern fürchterlich; okay, klassische Entzugssymptome; schnell zwei Reparaturbiere, damit der scheiß Schepperer vergeht; gegenüber eine Würstelbude; kein Grund zum Genieren, bin nicht der einzige, der um 7:30 Uhr schon Bier trinkt.

Eine Dose Ottakringer bitte; zwei, drei tiefe hastige Züge; Bierdose fast leer; jetzt brauche ich dringend eine Zigarette – meinen Tabak und Papers bei mir; mit zittrigen Händen eine Zigarette drehen ein Ding der Unmöglichkeit; gleich um die Ecke eine Trafik; „ein Packerl Marlboro bitte."

Zurück zur Würstelbude; meine fast ausgetrunkene Dose Bier steht unberührt; nach einem tiefen Zug von der Marlboro trinke ich sie aus: „Noch eine Dose bitte"; viel Maut geben, ganz wichtig; dann bist akzeptiert; hastiges Trinken der nächsten Dose Bier, die dritte Marlboro.

Langsam stellt sich eine beruhigende wohlige Wärme ein; Panik weicht einer Erleichterung; nur noch eine Dose Bier und mein Zittern verschwindet.

Jetzt kann ich mir endlich wieder eine Zigarette drehen; Tabak, Papier und Filter normal in der äußeren rechten Sakkotasche; ja, alles da; nur zusätzlich ein ÖBB-Ticket: Wien Westbahnhof – Linz; ausgestellt und gezwickt vorgestern; fassungslose zeitliche Desorientiertheit und Verzweiflung; „Noch eine Dose Bier bitte"; solange du dich unauffällig benimmst und weiter viel Maut gibst – kein Problem; noch dazu trage ich Anzug und Krawatte.

Vorgestern; warum bin ich vorgestern nach Linz gefahren? Was hab ich dort zu suchen gehabt?

Erneute Panik; verdammte Scheiße: „Was ist von vorgestern bis heute passiert? Was um Himmels Willen hab ich in Linz gemacht?"

Bitte nicht wieder „Verein Neustart" zur Organisierung von vierzig Stunden gemeinnütziger Arbeit wegen Widerstand gegen die Staatsgewalt; oder gar wieder Zwangseinweisung ins OWS; bedeutet die allgemein bekannte und teilweise gefürchtete zehntägige „Psychopaxkur".

Zehn Tage mit Psychopax; Universalmedikation im OWS; zehn Tage Zombie, allerdings zehn Tage ferngesteuerte Gleichgültigkeit und seelischer Friede.

Ich pack die ganze Situation nicht mehr; aus; brauch was zum Runterkommen und zum Runterkrachen für die nächsten Tage.

Südtiroler Platz; Gott sei Dank ist er da; ein gegenseitiges Kopfnicken; eine halbe Stunde später; Wien, Mitte Landstraße; ein einstudiertes und trainiertes Ritual geht blitzschnell über die Bühne – unter den Augen der Security und routinemäßigen Polizeipatrouillen; er schnorrt mich um eine Zigarette an; biete ihm ein halbleeres Packerl Marlboro an, gespickt mit einem sorgfältig zusammengelegten Hunderter; er bedankt sich, gibt mir die Packung zurück; Inhalt: eine Marlboro weniger, stattdessen drei Streifen 50er-Praxiten.

Zürich

Mache Anzeigenmarketing für eine österreichweit erscheinende Ärztezeitung; Aufgaben: Akquise von Schaltungen diverser Pharmaunternehmen und Fachärzten für den redaktionellen Support dieser Schaltungen; unbedingte Notwendigkeit für Erreichung von Umsatzzielen: regelmäßige Gesichtswäsche bei der Vereinigung der pharmazeutischen Industrie; eines Tages eine unerwartete Mail eines Schweizer Pharmaunternehmens mit Einladung nach Zürich; ein Wiener Arzt präsentiert eine Antinarbensalbe; hauptsächlich für Damen, die sich heute den Busen und morgen die Nase machen lassen; meine Aufgabe: mit Schaltungen diese Salbe auch in Österreich bekanntzumachen; telefoniere mit diesem Arzt; redaktioneller Support ist gesichert; mein Chef ist begeistert und stolz auf mich; Flug nach Zürich und retour gebucht; er drückt mir für etwaige unerwartete Spesen eine Firmenkreditkarte in die Hand; ein entsetzlicher Fehler seinerseits.

Schön, den Vortrag über die fantastischen Erfolge dieser Salbe über mich ergehen lassen; interessiert mich nicht; bin hier, um Geschäfte zu machen.

Die Verhandlungen mit dem Produktmanager dieser Salbe erwiesen sich einfacher als gedacht; nach kurzer Zeit hab ich einen Mörderauftrag in der Tasche; ich werde als der Star am nächsten Tag im Büro antanzen; im Hinterkopf: Verhandlungen mit dem Chef über höhere Provisionen.

Zurück am Flughafen; noch zwei Stunden Zeit für die Maschine nach Wien; was tun? die *NZZ* überflogen; interessiert mich nicht; dafür eine herrliche Bar; sie zieht mich magisch an.

Platz genommen bestelle ich einen weißen Spritzer; fragende Blicke; okay, zweiter Versuch; ich bestelle eine Weißweinschorle; der gute Mann hinter der Bar schaut mich noch immer verständnislos an; mir reicht's; die Firmenkreditkarte in der Brieftasche juckt mich immer mehr; „Eine Flasche vom besten Wein bitte"; nur ein Glas zunächst, ich erwarte noch Freunde; zwei Flaschen später erreiche ich gerade noch rechtzeitig die Maschine nach Wien; zuvor Geld behoben; scheiß Kreditkarte; im Flieger einige kleine Fläschchen Whisky, einige Wodka; in Schwechat steige ich besoffen aus der Maschine; bin nicht mehr zu halten; jetzt lass ich die Sau raus; ich lache die Kreditkarte an und sie lächelt zurück; es folgen zwei Tage exzessivsten Austobens; teuerste Innenstadtlokale inklusive nobelster Bordelle; Handy auf lautlos; diese ständigen Anrufe der Firma stören; muss aber wieder ins Büro; die Fristlose; von einer Anzeige wegen Veruntreuung von Firmengeldern wird abgesehen, wenn ich auf sämtliche ausständigen Provisionsansprüche verzichte.

Ein Kartenhaus bricht zusammen

Selbstständig; zunehmend aufdringlichere Anrufe meiner Steuerberatungskanzlei; das Finanzamt wird lästig; Einkommensteuerschulden; SVA setzt mir auch zu; Aufgabe des Steuerberaters: weitere Ratenzahlungsvereinbarungen; meine Aufgabe: mehr Umsätze erwirtschaften, bedeutet mehr Kundentermine täglich; gebe den Druck direkt an meine Telefonistin weiter.

Neunkirchen; zwei Geschäftsabschlüsse an einem Tag; super, passt; allerdings zu viel gefeiert und besoffen; Rückfahrt nach Wien unmöglich; irgendwo eine Pension finden, Rausch ausschlafen; genügend Praxiten dabei; morgen acht Kundentermine; also einfach rein ins Stadtzentrum; ein Mann mit Hund starrt durch mein Beifahrerfenster und zückt sein Handy; scheiße, ich fahre mitten gegen eine Einbahnstraße; sehr schmal; verzweifeltes Reversieren dauert zu lange; Blaulicht, Polizei;

steige aus dem Auto und beginne eine Schimpftirade gegen den Hundebesitzer; ein Exekutivbeamter parkt mein Auto ein; ab ins Revier; 1,8 Promille; Autoschlüssel abgenommen; eine Übernachtungsmöglichkeit in Neunkirchen gefunden; nächster Morgen: Verzweiflung und Panik; legt sich nach drei 50er-Praxiten; rufe einen Vertriebspartner an; zwei Mann kommen, einer bringt mich nach Hause, der zweite mein Auto; wie geht's weiter?; „vernünftige, ruhige" Weiterplanung erst nach zwei Dosen Bier und einem Praxiten möglich; brauche Umsätze, ohne Auto keine Kundentermine und somit keine Umsätze; vier Jahre keine Verkehrskontrolle, also die Wahrscheinlichkeit einer Kontrolle in den nächsten sechs Monaten ohne Führerschein unterwegs verschwindend klein.

Wieder ein super Tag, umsatzmäßig; wird gefeiert; fahre nach Hause Richtung Leberberg; Verkehrskontrolle: „Führerschein, Zulassungsschein bitte, haben Sie alkoholische Getränke konsumiert?" Erkenntnis: Das ist das Ende; resignativer Zynismus; „Meinen Führerschein hat die BH Neunkirchen, da habt's meinen Autoschlüssel, ich scheiß drauf, auf Wiederschauen; spielt es nicht; Wachzimmer Simmering: 1,4 Promille; Führerscheinentzug wird auf achtzehn Monate erweitert; somit das gesamte Programm ausgefasst: Psychoheinis, Amtsarzt, Verkehrsamt, Wiederholung der Führerscheinprüfung; gewaltige Verwaltungsstrafen inklusive; keine Chance mehr, diese Geldsumme aufzutreiben.

Aufforderung zum Antritt der Ersatzfreiheitsstrafe

Polizeianhaltezentrum Roßauer Lände

Ersatzfreiheitsstrafe bedeutet in Häfen gehen; Gefängnis; der Gedanke daran ist nur mehr durch Daueralkoholisierung erträglich; hinauszögern bis zum letzten Tag der Frist; der Tag des Antritts der Freiheitsstrafe; Frühstück: zwei Praxiten, drei Bier; U4-Station Roßauer Lände; noch schnell irgendwo bei einem Wirten Bier trinken; sternnagelbesoffen und zugedröhnt Ankunft im 2er Landl; Vorkehrungen: muss diese zehn Tage nur auf der Welle sein, dann drück ich das schon durch; mit Abgabe des Handys, Untersuchung von Kleidung und Rucksack hab ich gerechnet; viele Praxiten allerdings unauffindbar am und im Körper reingeschleust; von einem Vollzugsbeamten begleitet rein in die Zelle; eine schmale Zelle; in der Mitte ein schmaler langer Tisch flankiert von noch schmäleren Sitzbänken; vor dem kleinen vergitterten Fenster zur rechten Seiten ein wackeliger kleiner Tisch; darauf ein kleiner Antennenfernseher, Wasserkocher, Löskaffee und Milchweißer; entlang der rechten und linken Seitenwand Stockbetten für acht Häftlinge, dazu ein Wasserbecken fürs morgendliche Waschen, Zähneputzen und Abwaschen des Tellers und des Essbestecks; Geschirrspülmittel? Wird nicht zur Verfügung gestellt; mit einem „Griass euch" torkle ich in die Zelle; gebe jedem die Hand und stelle mich vor; „Habt's jemanden umgebracht? Ich sitze nur eine Verwaltungsstrafe ab"; „Wir alle hier"; Erleichterung; packe meinen Rucksack aus; das ist für uns: Löskaffee, Zucker, Unmengen an Dauerwürsten und Tabak; begeistertes Schulterklopfen von jedem Mithäftling; sofortige Hilfe; die enorme Beeinträchtigung durch Praxiten und Alkohol zeigt Wirkung; die halbe Zellbelegschaft schafft es, mich in die noch einzige verbliebene Schlafmöglichkeit zu bringen, neben der Zelltüre rechts oben, erster Stock; „Bitte fall uns nur ja nicht runter und schlaf deinen Rausch aus"; habe niemanden verletzt; also die Erwartung eines offenen Strafvollzuges; denkste; 24 Stunden Einschluss; Möglichkeit, zweimal täglich eine Stunde Hofspaziergang; einmal in Anspruch genommen; trotz Praxiten-Zombie; nach zwanzig Minuten die Menschenunwürdigkeit, bewacht in einem Hof im Kreis gehen zu dürfen, ist unerträglich; „Will wieder in meine Zelle. Diese Scheiße geb ich mir nicht"; „Geh schleich di"; ein pragmatisierter Beamtenarsch hätte sich zur Rückführung in meine Zelle bewegen müssen; mir wurde plötzlich aus heiterem Himmel schwindlig; brauche die Krankenstation; wesentlich weiterer Weg als in meine Zelle; im Erdgeschoß plötzliche Genesung; brauchte doch keine Krankenstation, nur meine Zelle zum Büseln; der Vollzugsbeamte bringt mich in meine Zelle.

Lucky Luke, Hansi Orsolics und Viktor Frankl

Gerichtliche Einigung mit meinen Gläubigern; Zahlungsplan bewilligt; sieben Jahre blechen; eine unerträgliche Zukunftsperspektive; entdecke Peter Maffay: „Über sieben Brücken musst du gehen, sieben Jahre überstehen".

Plötzlich von heute auf morgen; statt üppigen Provisionen: Mindestsicherung; statt BMW mit Ledersitzen: der Mobilpass; statt Plachutta: selbst kochen mit Lebensmitteln aus dem Sozialmarkt; Resignation; ein neuer Freund: zwei Liter europäischer Weißwein in einer Plastikflasche abgefüllt um nicht einmal drei Euro; er ist da für mich; jeden Tag mit der Konsequenz des Zurückziehens und sozialer Isolierung.

Ein zweiter Freund zieht bei mir ein: Lucky Luke, the lonesome Cowboy, nur mit seinem weißen Pferd in der endlos weiten Prärie, am Abend: Lagerfeuer und eine Pfanne mit Bohnen und Speck; meine neue Selbstidentifikation! Mit Campinggaskocher und einer alten Pfanne Bohnen mit Speck aus der Dose aufwärmen; jaja: that's it: Lucky Luke; brauche keine Menschen; Bohnen mit Speck und statt des weißen Pferdes europäischer Weißwein.

<u>RKZ</u>
Hilfesuchend kommt für mich ein weiterer stationärer Aufenthalt nicht infrage; habe zwei Katzen, die mich brauchen; also wird eine ambulante Therapie ermöglicht; unerwartete Reaktion meines Therapeuten; erstes Ausheulen mit Hansi Orsolics: „Das potscherte Leben: Ob i wü oder ned, maunchmoi denk i an früher und i sich durch an Schleier von Tränen, wo i amoi woa; i hob verluan wia nur ana verliern kaun und i steh vor mein potschertem Leben." „Hr. Dr. ich sitze in der Scheißgossn und komme nicht mehr raus."

Erwartung: mitleidsvolle therapeutische Streicheleinheiten; „armer schwarzer Kater"; zu meinem Entsetzen spielt mein Therapeut mit meiner Selbstmitleidsmaske nicht mit; „Sie müssen aber nicht in der Scheißgossn bleiben. Wir können konkrete Weg erarbeiten, da rauszukommen; braucht viel Zeit, wird unbequem und auch wehtun; Voraussetzung: Sie wollen raus; Bedingung: Alkoholabstinenz, keine Benzos"; das Abschiednehmen von dem über dreißig Jahren wegbegleitenden Freund Alkohol ist auch mit Trauerarbeit verbunden; Trauerarbeit tut weh.

Heftiger Tobak; „Nachdenksportaufgabe"; trotz mehrmaliger Gespräche fällt es mir schwer, diese Tatsache zu akzeptieren; die Aufforderung, für eine stabile Abstinenz aktiv zu werden, Lucky Luke und europäischen Weißwein aus der Wohnung zu verbannen und somit den ersten Schritt raus aus dem bequemen Elend zu gehen, erfordert Kraft.

Nächste Therapieeinheit; habe zwischenzeitlich Viktor Frankl … trotzdem Ja zum Leben sagen gelesen. Wir haben dieses Buch thematisiert. Ein Hauptgrund, warum Frankl die Konzentrationslager überlebt hat: Er wollte sein begonnenes Buch fertigschreiben, das war sein „Warum", nicht aufgeben oder in einem Elektrozaun Suizid zu begehen, er hatte ein „Warum".

„Wer ein Warum hat, akzeptiert fast jedes Wie."

Es folgen Auseinandersetzungen mit diesem Zitat.

Ich glaube, dass ich mittlerweile mein persönliches „Warum" habe, um mit Alkohol und Benzos zu brechen.

Ich möchte einfach nur leben, lachen, weinen, an einem stinknormalen Leben Freude finden!

Für dieses Ziel werde ich halt viele unbequeme „Wies" in Kauf nehmen müssen.

Und es muss sein, so wie ich das jetzt sehe.

Kann ich mir bitte ein Gefühl ausborgen?

Ulrike Ajili

Ich denke wie viele Menschen oft über das Leben nach, mein Leben, aber anders als früher.

Im Jetzt fühle ich mich, als hätte ich schon hunderte Leben gelebt, als würde ich in einem der Sub-Leben im Treibsand feststecken, jede Bewegung scheint gefährlich und zieht nach unten. Trotzdem schaffe ich es, jeden Tag einen Schritt nach vorne zu machen. Es gibt auch Tage des Stillstands, aber keine mit einem Rückschritt. Darauf bin ich stolz.

Das Leben #1 ist für mich die Kindheit und Jugend. Vieles ist über die Jahre verblasst, verdrängt oder vergessen. Ich habe sehr früh begonnen, mir einen geheimen Freund zuzulegen, 10- bis 20-prozentig, aus der Hausbar und am Wochenende im Stammlokal. Zum Rauchen fing ich auch in dieser Zeit an. Meine Jugendzeit war geprägt von Rauschzuständen, vielen wechselnden Partnern, unerfüllten Lieben, Todessehnsucht und Suizidversuchen. Texte aus dieser Zeit lesen sich manchmal wie Horror-Stories.

Mein Leben #2 begann mit dem Schritt in die Volljährigkeit, dem Auszug von daheim und im Alter von 22 Jahren auch meine erste Ehe. Warum wir geheiratet haben, wussten wir beide nicht so richtig. Wir hatten viele gemeinsame Erfahrungen aus der Kindheit, Jugend und auch ähnliche Elternhäuser. Liebe war das nicht wirklich, eher geschwisterlich unsere Beziehung, und letztlich hatten wir auch differente Vorstellungen von der Zukunft.

Das Millennium 2000 hatte dann mein Leben #3 eingeläutet, eine schnelle Scheidung nach neun Jahren und eine noch viel rascher geschlossene zweite Ehe. Ich hatte mich im Urlaub 2000 so sehr verliebt, dass ich im Ausland geheiratet und meinen damaligen Mann nach Österreich geholt habe. Diese Ehe war Himmel und Hölle zugleich. Leider hatte ich mir damit einen Partner mit dem gleichen Problemlösungsschema ins Leben geholt, er „therapierte" sich nachts draußen in Lokalen und ich daheim. Zu Beginn schien das auch irgendwie zu funktionieren, aber der Schein trog.

Zwei Kinder, zwei wunderbare Mädchen, hatte ich in diesem Leben mit diesem Mann zur Welt gebracht. Mit der Geburt des ersten Kindes begann bald eine sehr schwierige Zeit, deren Ausmaß ich mir damals so niemals hätte vorstellen können. Ich werde niemals den Moment des ersten betrunkenen Schlages vergessen, hochschwanger, ein heißer Tag im August 2004. Die Grenze wurde überschritten.

Die folgenden Jahre waren geprägt von Trinken, Gewalt, Trinken, Depressionen, Müdigkeit und letztlich nach 26 Jahren dann auch von Arbeitslosigkeit. Alkohol, Schulden, Alkohol, Existenzangst und nochmal Alkohol. Es ist kein Schreibfehler, wenn ich mehrfach das Trinken und Alkohol erwähne. Es war Alkohol, der uns vorerst vereint hatte, es war Alkohol, der uns dann später brutal trennte. Ich war in dieser Ehe, diesen fünfzehn langen Jahren, an die Grenzen meiner Selbst gelangt, versuchte, meine beiden Kinder von den schrecklichen Ereignissen in den Nächten, von diesen Albträumen fernzuhalten.

Mein physischer und psychischer Zusammenbruch war nur noch eine Frage der Zeit. Ich musste schnell und verlässlich eine Entscheidung treffen, auch dieser Tag bleibt unvergessen und eingebrannt.

Restalkohol, ich und meine ältere Tochter in der Suchtambulanz zum Abholen der Entzugsmedikamente. Ich nahm sie mit dem mittlerweile zum Diskonterfusel mutierten Schnaps ein. Das Blödeste, was man tun kann. Ich konnte nicht mal richtig sitzen, der Arzt murmelte: „Ich lege Ihnen nahe, sofort hierzubleiben und es gibt ein freies Bett!" Ehrlich gesagt, ich weiß bis heute nicht, was mich geritten hatte, meine elfjährige Tochter jeden Tag dorthin mitzunehmen. Ich weiß auch nicht, wo mein zweites Kind war. Innerhalb einer Sekunde hatte ich zugesagt. In der vergangenen Nacht fand mich meine Tochter zum zweiten Mal ohnmächtig in der Küche. Ich wusste, ich musste gesund werden und meinen Kindern die gestohlene Lebenszeit und -qualität zurückbringen.

Aus der Zeit meines Lebens #3 gibt es keine Texte und keine Malerei. Ich habe keine Bücher gelesen und keine Musik gehört. Ich hatte keine Zeit und war aufgrund meines Konsums auch nicht mehr fähig, mehr als die tägliche Routine zu schaffen.

Der Beginn des Lebens #4 begann mit dem Einzug in die Entzugsstation. Diese Zeit war wichtig und sehr schwer. Hier hatte mir das Universum noch ein besonderes Geschenk gemacht. Einen Menschen, der mein Herz erobert hat, mir ein Leben voller Glück und Liebe versprochen hat. Gekommen ist alles ganz anders. Eine Liebe und Beziehung über zwei Jahre, voller Lügen, Betrug und Enttäuschungen.

Das Leben #5 begann, als ich verlassen wurde, mein Hier und Jetzt.

Gedanken aus jeder Lebensepisode und meinen Weg in ein klares selbstbestimmtes Leben möchte ich in Worten malen.

Leben #2 – Nebel

Der Nebel legt sich nicht. Dieser Nebel, hoch über uns, kalt, nass und voller Misstrauen. Nein, er will sich nicht legen. Er wird dichter, undurchdringlicher. Auch die Brücke wird im Nebel immer unbegehbarer. Es ist dieselbe Brücke, die uns einst zueinander führte.

Die Geister, die den Neugeborenen als Geschenk ein Päckchen voll von Vertrauen, Liebe und Geborgenheit mitbringen, sterben aus.

Der Nebel wird dichter, über der Stadt wird er schwarz. Die Schreie vieler Menschen ersticken in der bedrohlichen Dunkelheit. Über dem Land, den Wäldern, über den Wiesen, auch dort fehlen schon lange die Engel mit ihren Geschenken. Niemand kann vertrauen, niemand will bedingungslos lieben. Ich sehe das Blut, ich sehe dich, ich liebte dich so sehr vor vielen Nebeljahren.

Du hast mich in dieser Zeit auch gelehrt, wir wären alle alleine, es gäbe kein Vertrauen und keine Liebe in dieser Welt.

Leben #2 – Verlust

Seit ein paar Tagen sitze ich nun hier und verfolge den Flug der Staubkörner, die sich in einem Sonnenstrahl vor meinen Augen winden. Meine Augen sind ausgetrocknet, ich habe sie seit jenem Tag nicht mehr geschlossen.

Was ich in den letzten Tagen getan und nicht getan habe, weiß ich nicht mehr so recht. Enorme Blackouts, es fehlen viele Stunden, Tage?

An den Arzt mit der Spritze, die Krankenschwester mit dem gelangweilten Lächeln und das harte sterile Bett, in dem schon so viele unglückliche Menschen schon vor mir lagen, daran kann ich mich düster erinnern.

Er.

Im Erwachen wenig später spiegelt sich nur die Leere, diese unendlich große Leere. Ich wollte schon so oft sterben, jetzt war ich tot.

Leben #2 – Rausch

Die Flasche ist nur noch halbvoll, aber meine Seele läuft über. Ich warte ungeduldig darauf, dass mein Hirn so benebelt ist, dass ich meine Gedanken nicht mehr ordnen muss und ich nicht weiter von der Realität gequält werde. O.k., ich trinke schneller, ein paar Schmerztabletten, der Kopf, er denkt nicht mehr, er schmerzt. Unter meinen Medikamenten finde ich meine Lieblingsrasierklinge. Altes verkrustetes Blut klebt an ihr. Ja, ich könnte auch mal wieder ritzen. Wenn ich betrunken bin, drücke ich die Rasierklinge tiefer in die Haut, und es gibt so eine richtige Sauerei.

Weiter warten auf den Rausch und das Vergessen. Ich könnte noch schnell zum Bahnhof fahren, den leckeren Kirschrum kaufen, und zu meinem Fluss, der hier durch die Stadt fließt, gehen. Das Flussbett ist betoniert, um das Wasser in seiner Bahn zu halten. Wie bei uns Menschen, betonierte Seelen und Herzen, vom ersten Atemzug auf dieser Welt.

Niemand ging zu diesen Plätzen, ich habe nie eine andere Menschenseele dort gesehen. Dennoch empfand ich eine gewisse Geborgenheit, sobald ich über die Steigleiter hinab geklettert bin. Vereinzelt haben sich hier die Aasgeier der Stadt, Tauben, ihren Nistplatz eingerichtet. Ich bin sehr oft hier, am Wien-Fluss. Auch in der Nacht.

Ich wollte dich so gerne einmal mitnehmen und dir die Blumen zeigen, die das betonierte Flussbett durchbrechen. Dir zeigen, dass es vereinzelt noch Lebenskraft gibt. Schönheiten der Dunkelheit.

Leben #3 – Graf Eristoff

Ich hatte eigentlich neben meinem Ehemann eine über viele Jahre funktionierende Partnerschaft. Der Kerl war sogar von adeliger Herkunft! Graf Eristoff 40 % kam jeden Tag zu Besuch und blieb, bis ich eingeschlafen war. Er war immer gut zu mir, hat mich gewärmt, ließ mich gut fühlen, ich war immer seine kleine Superheldin und der Meinung, niemand ist besser als ich. Wenn auch mal kein seelischer Ausnahmezustand vorherrschte, schlief ich oft schon ein, bevor er ging.

Das Aufstehen am nächsten Tag war grenzwertig und wurde immer anstrengender, je älter ich und meine Kinder wurden. Der Graf war morgens nicht mehr da, frühstücken wollte er nie mit mir.

Die Nächte waren trotzdem lang. Furchtbar lang. Sie zogen sich wie ein Stück Gummi in die Länge. Im Halbschlaf wartete ich darauf, deine Stimme zu hören, auf die schlagende Tür, deinen leisen Gruß im Dunkeln. Deine Lautstärke verriet mir, ob und in welchem Rauschzustand du warst.

Leben #3 – Fünfzehn Jahre

Wenn ich trinke, rieche ich noch Tage später nach Fusel, wie er aus allen meinen Poren strömt. Mir ekelt manchmal so sehr davor, dass ich, ohne zu denken, wieder Alkohol nachschütte, um ihn zu vergessen und nicht mehr zu riechen. Was für ein sinnloser Kreislauf.

Leben #4 – Ende einer Ehe

Der Mann sitzt mit gegenüber. Er ist ein bisschen nervös. Manchmal zittern seine Hände, er versucht sie immer wieder zu verbergen und legt sie auf seine Beine unter dem Tisch.

Ich mag ihn noch immer. Aber es ist schon zu lange her. Zu viele Sekunden, Minuten, Stunden, Tage, Wochen, Monate und Jahre sind schmerzhaft an meinem Herz vorbeigezogen. Ich bin dabei, dich mental und emotional zu beerdigen.

Jetzt zittern meine Hände. Ich lege sie auf meine Beine unter dem Tisch.

Leben #5

Du hast nicht viel verloren in dieser Beziehung, dein Einsatz hat sich darauf beschränkt, deinen Körper in einen anderen zu schieben und dir dabei einzureden, es wäre mehr.

Leben #5 – Lug und Trug

Am Ende warst du all das, was mir nicht weitergeholfen hat, du gabst mir Dinge, die ich nicht brauchte, und du hast mit mir auf eine Art geschlafen, vor der ich immer Angst hatte. Du hast versucht, mir meine Stärke zu nehmen, indem du mir eine Schwäche eingeredet und übergestülpt hast, die es gar nicht gibt.

Leben #5 – Sinnloser Schmerz

Ich sitze mit dem Rücken zur Tür, aber ich spüre, dass du kommst. Ich wünsche mir, dich anzusehen, dich zu berühren, dich zu fühlen, ein wenig zu lachen, aber das Einzige, was mir bleibt, ist aufzustehen, zu gehen und zu wissen, dass der Kampf fertig ausgetragen wurde. Ich liebe dich, aber ich brauche dich nicht mehr.

Leben #5 – Wahnsinn?

Irgendwann habe ich laut gelacht.
　Niemand hat gefragt: „Warum?" „Sie habe noch nie gelacht", hieß es, und es war ein Ereignis!
　Niemand ahnte zu diesem Zeitpunkt, dass sie endlich wahnsinnig geworden war.

Leben #5 – Aufstehen

Ich werde schon bald fortgehen. Wie lange, das weiß ich noch nicht.
　Auch du wirst wahrscheinlich bald gehen. Wie lange, das weißt du auch noch nicht. Du wirst mit anderen Frauen schlafen, sie begehren, glauben, dass du sie liebst, und letztlich doch alle irgendwann wieder verlassen. So wie du mich verlassen hast.

Ich werde mit anderen Männern schlafen, sie begehren, ich werde glauben, dass ich sie liebe, und dann doch letztlich alle irgendwann wieder verlassen. So wie ich dich verlassen habe.

Eines sei dir gewiss: Immer dann, wenn ich mit mir alleine bin, nur mich selbst habe, wenn ich einsam bin, einen Menschen zum Reden brauche oder um mich in sinnlicher Liebe zu vereinen, eben nur diesen einen ganz speziellen Menschen brauche, dann werde ich wohl immer nur an dich denken!

Ich werde schon bald fortgehen. Wie lange, das weiß ich noch nicht.

Leben #5 – Schlachtfeld

Du hast dein Leben auf blutigem Grund gebaut. Den Weg schmutziger Manipulation gegangen. Ich blute aus vielen tiefen Wunden, die du lachend in mein Herz geschlagen hast.

Wunden werden zu wulstigen Narben, meine Zeitzeugen. Phantomschmerz. Und wenn ich schwach versuche, aufzustehen, reichst du mir ein Etwas, Spitzes, Scharfes aus poliertem Edelstahl, nimmst meine Hand und führst sie hin zu meinem Herz, öffnest langsam von neuem meine Wunden, ein Déjà-vu jagt das andere. Aber gut, lasst uns die Spiele beginnen.

Leben #5 – Was geht ab?

Manchmal überfällt mich ein Lächeln. Von tief drinnen und ohne Vorwarnung. Ich bin erstaunt und verwirrt.

Es schmerzt nicht! Noch ein Versuch vor dem Spiegel. Und nein, auch hier gibt's kein gebrochenes Glas.

Manchmal habe ich sogar ein Lied auf den Lippen.

Leben #5 – Dunkelheit und Stille

Ich verharre in der Dunkelheit, Er hat das Licht mit sich genommen. Ich lebe auch in Stille, seit er gegangen und mein Lachen ganz tief in seinen Rucksack stopfte.

Einsamkeit legt sich erdrückend, wie ein schwerer Mantel über mich. Den schwarzen Hund, er hat mich nur kurz angeblickt, mit diesen furchtbar traurigen Augen. Ja, ich musste ihn von seiner Leine nehmen. Die Traurigkeit ist auch da, gemeinsam mit der Einsamkeit richten sie sich schnell in meinem Herzen ein. Das ist ja jetzt sehr groß, leer und dunkel. Ich lebe nun in Stille und mein Lachen? ... Das hat er irgendwo auf seinem Weg entsorgt.

Leben #5 – Der verlorene Krieg

Das Leben hat sich entschieden. Ich schaue zurück und sehe das blutige Schlachtfeld, gefolterte Träume liegen im Sterben. Ich will nicht weinen, das wäre zu einfach.

Ich habe es satt, Schmerz im Schlaf, Schmerz im Traum und in jeder Sekunde meines Wachzustandes.

Ich bin noch immer im Liebeskummermodus, aber langsam verblasst er und hat keine Macht mehr über mich.

Ich lebe im Hier und Jetzt und habe viel erreicht. Ich bin stolz. Was mir das Leben #5 noch bringen wird, ich weiß es nicht. Aber ich bin bis hierher gekommen und bin klar, mein Kopf und mein Herz atmen wieder, so vieles überlebt. DANKE.

Wien, Jänner 2020

sei nicht stolz, mein junge, sondern dankbar!

Heinz Achtsnit

um ihre beziehung zu retten, beschloss meine zukünftige mutter nach einem jahr ehe, mutter zu werden. ein kind, hoffte sie, würde das gemüt ihres gatten stabilisieren, seine trunksucht in vaterliebe wandeln. geblendet von trügerischem optimismus und von harmoniebedürfnis beseelt, übersah die mutter allerdings, dass sich der koartschi durch nichts ändern würde, weder durch ein kind und selbst dann nicht, wenn ihm der linke arm tatsächlich nachgewachsen wäre.

sobald das nach empfängnis heischende mutterei das am wenigsten besoffene vaterspermium aufgespürt und nach gnadenloser jagd arrestiert hatte, nistete es sich, sekundenbruchteile vor dem monatlichen torschluss, in der gebärmutter ein. wenn meine pränatalen energien, hauptsächlich dort, wo sich mein kopf entwickelte, im mutterbauch wüteten, erwachte der werdende vater aus seinem vollrausch, doch die mutter widerstand kategorisch allen verlockungen, mich ungeschehen zu machen; ich war ihr wunschkind, ihre hoffnung auf frieden und harmonie, ich musste ausgetragen werden.

von lebensgier getrieben, von allen mich prägenden einflüssen aber zur lebensunfähigkeit verurteilt, war ich bereits pränatal dem mich einkreisenden wahn meiner verwandten verfallen, vor allem dem meines zukünftigen vaters, des koartschi, des einarmigen jägers des grünen veltliners vom chorherrenstift, wie er sich gerne kose nennen ließ, der wie ein tornado über meine familie mütterlicherseits gefegt war. durch die verschmelzung der zellen meiner eltern erfolgte jedoch keine neuverteilung von erbgut, vielmehr formierten sich ihre gene in mir zur endschlacht.

den sommerurlaub 1966 verbrachten wir in einem kaff in der oststeiermark, und ich verfügte über ein fahrrad, das die mutter schon nach wenigen tage verfluchte, denn mit zwei anderen sommerfrischlerknaben beförderten wir gestohlene weinflaschen aus dem keller unseres gasthofs in eine winzige höhle, wobei uns rosi, die wirtstochter hilfreich zur seite stand. nach dem sauerrampfer und ein paar smart, die es damals noch offen zu kaufen gab, zog sich die rückfahrt über mehrere stunden hin, da uns – aus der höhle gekrochen – die frische luft wie ein keulenschlag traf und in ein ausgetrocknetes bachbett schleuderte. „mein gott", stammelte die mutter leichenblass, „ersticken hättest können, hasl! wennst das noch einmal machst, krieg ich einen herzinfarkt!" nicht nur bei der geburt und am ersten schultag ihrer söhne litten mütter größte schmerzen! schlimmer als der erste vollhammer mit all seinen begleiterscheinungen quälten mich in den nächsten tagen die moralpredigten der mutter bei den zwangsweisen spaziergängen und beim bankerlsitzen mit ihr und der oma. die ausgangssperre dauerte solange, bis das von der mutter angeführte einsatzkommando aller besorgten eltern sämtliche höhlen in der umgebung verbarrikadiert hatte, was uns aber nicht störte, da rosi inzwischen im heustadl ihrer familie ein gemütliches lager für uns bereitet hatte. für den letzten vollrausch verließen wir das wirtshaus, weil die mütter die fahrräder konfisziert hatten, erst gar nicht, sondern betranken uns im wirtshauskeller besinnungslos. danach blieben wir bis zum urlaubsende keine sekunde lang unbeaufsichtigt.

seit august 1966 fungierte der alkohol als meine droge, in den ersten jahren vor allem, wenn mich der stallgeruch des vaters in weinkellern oder beim heurigen empfing. die vollräusche im alter von dreizehn jahren waren wie bomben in meinem hirn explodiert und hatten den für die alkoholsucht zuständigen schalter für mein weiteres leben in der point-of-no-return-stellung fixiert. da konnte die mutter turbobeten und höhlen verbarrikadieren so viele sie wollte, meinem selbstzerstörerischen willen war nicht mehr einhalt zu gebieten, jedenfalls nicht von menschlicher hand oder autorität.

auch wenn ich mich um 1990 von den täglichen wirtshausbesuchen losgesagt hatte, verringerte sich mein alkoholkonsum um keinen schluck, dafür lockten rundum zu viele supermärkte, aus denen ich bier in reisetaschen und für die wochenenden palettenweise heimschleppte oder von alcuette liefern ließ. seit dem tag jedoch, als unser jugoslawischer schuster, als alcuette mit bierflaschen beladen an ihm vorbeiwankte, anerkennend meinte: „das alles trinken mann? das starkmann!", fühlte sie sich für nachschub nicht mehr zuständig. infolge steigenden bedarfs stieg ich auf bierdosen um, die nicht nur leichter zu transportieren waren, sondern sich auch platzsparender lagern ließen; zudem kosteten dosen weniger als flaschen und verlangten keinen pfandeinsatz. durch alcuettes lieferboykott gestaltete sich die alkoholbevorratung schwieriger als bisher, und dem möglichen glückszustand eines trinkers stand ohnehin die ständige, sich bis zur panik steigernde angst vor dem versiegen der vorräte im wege. gerade aber dann, wenn die vorräte absolut gesichert und für mindestens einen tag länger als geplant zu reichen schienen, lösten sie sich umso schneller auf, weil ich nur selten etwas übrig lassen konnte. kurzfristig frei von solcher angst fühlte ich mich nur bei prall gefülltem eiskasten und abstellraum sowie umzingelt von dutzenden bierdosen; dazu legte ich „i'm free" von the who auf und spielte die hymne auf höchster lautstärke, um meine freiheit mit denen zu teilen, die irgendwo dahinvegetierten, weil sie nicht wie ich das glück hatten, mit einem nie versiegenden bierlager gesegnet zu sein.

alternativ zu einer therapie stellte alcuette mir frei, trinkgeld abzuliefern, so wie früher die braven männer ihren frauen am monatsersten kostgeld gebracht hatten. dafür erhielt ich freilich kein essen, durfte aber saufen, so viel ich wollte, während alcuette mein geld den gurus brachte. anfangs zahlte ich fünfzig schilling täglich, nach zwei monaten verdoppelte sich das bußgeld, weil ich unbeirrt weitertrank. alcuette musste nicht an mir schnüffeln, ein blick in meine augen oder ein wort von mir genügte, um meinen trunkenheitsgrad richtig einzuschätzen. ich soff und zahlte täglich, schließlich schmiss ich am ersten drei tausender hin, um den restlichen monat ungestört zu sein. alcuette war auch das bald zu wenig, pro monat forderte sie nun eine buddhistische statue im gegenwert von rund 3.500 bierdosen. zwei monate bereiteten wir meinen finanziellen ruin vor, dann verkündete sie zu meiner erleichterung: „ich will dein geld nicht, sauf dich zu tode!" einen vollrausch pro monat hätte alcuette mir zugestanden, doch scheiterte dies bereits beim ersten versuch, weil ich nach zwei wochen heimlich wodka nippte und sich der kreislauf wie gewohnt in bewegung setzte. ein andermal widerstand ich dem alkohol gezählte 98 stunden, am fünften tag soff ich aus stolz, dass mich die abstinenz nicht umgebracht hatte, bis zur besinnungslosigkeit. achtzehn tage ohne alkohol in mehr als achtzehn jahren lautete schließlich die bilanz meiner ehe! „ich weiß, hasilein, ich bin ein schlechter mensch, weil ich etwas zu viel trinke", rechtfertigte ich meine sauferei zerknirscht und voller selbstmitleid, „aber alle saufen, schau sie dir an, besonders die, die sich schon morgens am bahnhof das erste achtel mit einem schnürl um den hals reinzittern!" so tief würde ich natürlich niemals sinken, doch ohne den gewohnten spiegel war mein zittern, das mich seit der führerscheinprüfung begleitete, so stark geworden, dass ich eine leberknödelsuppe öffentlich nicht mehr essen konnte, weil der knödel vom löffel sprang. manchmal gelang es mir zwar, die suppe aus der tasse zu schlürfen oder die einlage für späteren, heimlichen verzehr in einem nylonsackerl zu verstauen, mit der zeit musste ich mich aber von einem leibgericht nach dem anderen trennen, da sich selbst feste speisen mit messer und gabel nicht mehr bändigen ließen. wegen des zitterns wechselte ich von der kaffeetasse zur kanne, aus der ich in unbeachteten momenten, falls es mir gelang, sie in geeignete höhe zu hieven, die flüssigkeit wie ein bettlägeriger aus dem schnabel sog. im wirtshaus ein bier zu trinken, wenn ich mich nicht im finstersten teil versteckte, war sinnlos geworden, seit mich alle anstarrten, da ich mich offensichtlich so auffällig unauffällig benahm, dass ich aufmerksamkeit erregen musste. die brutalität des saufens verspürte ich besonders, wenn ich ein krügel zum mund hochstemmen wollte, die hände aber versagten, bis ich in einem günstigen moment schweißgebadet aus dem lokal stürzte.

die folgen meines exzessiven lebenswandels hatte ich erstmals am sessellift verspürt, als mich eine unsichtbare kraft nach hinten aus dem sitz zog, obwohl ich mich mit armen und beinen an den lehnen festklammerkrallte, hörbar waren sie besonders nachts, wenn ich durchfallgepeinigt am häusl teer kotzte, während bier, schnaps und wein um die vorherrschaft in meinem inneren wetteiferten.

mittlerweile trank ich rund um die uhr, die ängste verschwanden aber auch nach zehn krügel nicht, sondern nisteten sich in meinen gedanken ein, nagten jetzt nicht mehr bloß an mir, sondern fraßen mich sukzessive auf. angst vor wiederkehrender angst und panik vor dem nächsten morgen beherrschten mich. am abend wusste ich nicht, wie ich morgens vier stockwerke hinunter zum nachschub gelangen sollte; ich musste mich am stiegengeländer festkrallen, weil die beine zitterten und die knie bei jeder stufe einzuknicken drohten. war bisher nur sesselliftfahren zur unüberwindbaren herausforderung geworden, empfand ich infolge des schwindelgefühls, das mich jederzeit und überall überraschen konnte, nun auch das gehen auf der straße als gefährliche gratwanderung. am trottoir kam ich mir ohne parkende fahrzeuge zum abstützen auf der einen und häuserfronten auf der anderen seite hilflos vor, bei einem blick himmelwärts befiel mich der schwindel wie ein kreisel, und wollte ich eine straße überqueren, rannte ich stolpernd los, um durch den schwung getrieben die andere seite sturzfrei zu erreichen. oft musste ich mehrere straßenbahngarnituren abwarten, weil ich ohne sicheren halt die kurze distanz vom gehsteig zum einstieg nicht bewältigte, u-bahnen konnte ich überhaupt nicht benutzen, da mich eine unsichtbare kraft wie magnetisch vom bahnsteig in den gleiskörper zog, während der glatte steinboden unter meinen beinen wegzurutschen drohte. obwohl ich menschen hasste, suchte ich sie jetzt geradezu als schutz, weil ich mich in ihrer mitte sicher, zumindest sicherer als alleine, vor dem kollabieren fühlte, andererseits durfte ich ihnen wegen meines gestanks nicht zu nahekommen.

meine situation verbesserte sich kurzzeitig, als ich die überwältigende wirkung des kochrums entdeckte, den die mutter, weil sie mir diesen fusel doch nicht zutraute, ohne besondere vorkehrungen in der küchenkredenz aufbewahrte, der auch das problem der einlagerung löste, da ich in ihrer wohnung keine größeren alkoholvorräte anlegen konnte. früher hätte ich mir nicht vorstellen können, jemals solches gesöff zu konsumieren, das morgens erst einige male hochkam, ehe sich die ersehnte ruhe im körper ausbreitete. nach einer woche nur erschien mir der rum aber als völlig normaler begleiter, die handlichen und für ihre wirkung spottbilligen fläschchen ließen sich zudem bequem in einer jacke oder der bürotasche transportieren.

in den letzten monaten erschien mir mein gesicht im spiegel von tag zu tag aufgedunsener, die hautfarbe wechselte von rot zu feuerrot mit immer dünkleren violettnuancen. um die verschwollenen augen und geplatzten äderchen zu verbergen, trug ich bei jeder witterung eine sonnenbrille, die die durch helles licht verursachten stechenden kopfschmerzen etwas linderten. die ölig-schmierige gesichtshaut bekämpfte ich erfolglos mit waschzwang, den backofen im schädel kühlte ich, indem ich den glühenden kopf minutenlang in den eiskasten steckte. gegen den metallgeschmack der bierdosen aber half weder kaugummi, mundspray, fisherman's friend noch zahnpasta. der rum verstärkte diesen ebenso wie den widerlich süßlichen sandlermief, den ich immer intensiver verströmte. weil ihr seit dem unfall der geruchssinn fehlte, nahm die mutter wenigstens meinen gestank nicht wahr, dafür erlauschte sie exakt jeden trunkenheitsgrad an meinen schritten, die mich umso mehr verrieten, je vorsichtiger ich mich bewegte. abends saß die mutter betend im abgedunkelten wohnzimmer und starrte auf die eingangstüre. sah sie durchs glas licht im stiegenhaus und hörte sie mich nach bangen minuten endlich mit dem schlüssel im schloss stochern, huschte sie in ihr zimmer. am liebsten hätte sie mir weihwasser injiziert oder mich täglich damit eingerieben, aber genauso, wie sie meinen vater „koartschi, trink doch kamillentee und nicht schon in der früh eiskaltes bier" angefleht hatte, verhallte jetzt ihr „hasl, trink doch weihwasser oder riech wenigstens daran" wirkungslos.

auch ins büro zu gelangen, gestaltete sich immer kräfteraubender, weil ich zuvor bierdosen gegen den brand besorgen musste, die ich in aktenschränken, im schreibtisch und am klo hortete, telefonieren bereitete mir größte schwierigkeiten, da der zitternde zeigefinger, umso peinlicher im beisein anderer, nicht mehr die gewünschten ziffern in der wählscheibe traf. im laufe der letzten jahre war meine schrift fast unleserlich geworden, sodass ich einfachste notizen nicht mehr entziffern konnte, und falls ich nicht in meinem drehstuhl mit hoher rückenlehne und breiten armstützen hing, hatte ich das gefühl, links oder rechts vom sessel oder hintüberzukippen. die mittagspausen verbrachte ich meistens am häusl, wo ich mit größter vorsicht bierdose um bierdose öffnete, in der warmen jahreszeit auf parkbänken der umgebung. dort zuzzelte ich den stoff mit einem strohhalm aus bierdosen, die ich in jackeninnentaschen verstaut hatte. wegen unzähliger stufen konnte ich das amtsgebäude nurmehr mit dem aufzug verlassen, und als dieser ausfiel, verbrachte ich die nacht unter dem schreibtisch. irgendwann löste sogar das stiegen hinaufsteigen dramatische gleichgewichtsstörungen aus, sodass ich mich wie der koartschi am stiegengeländer hochziehen musste.

erstmals hörte ich die viecher eines mittags am klo, sie hockten im klostrang und unterhielten sich über mich. „jetzt sind sie also da", dachte ich, weil sie nach den ersten vollräuschen im kindesalter und anschließendem alkoholmissbrauch über knapp drei jahrzehnte die für mich logische folge des saufens darstellten. ich war sogar erleichtert, dass mich die viecher nicht aus der wand heraus ansprangen, wie dies bei alkoholikern gewöhnlich der fall ist. so schlimm konnte es um mich also noch nicht bestellt sein!

die spelunken am gürtel frequentierte ich im hochsommer 1995 vorwiegend, um mich überheblich von denjenigen abzugrenzen, die vielleicht früher – ebenso wie ich in besseren zeiten mit dicken büchern bewaffnet – andere betrunkene belächelt hatten. in der einen hand hielt ich das glas, mit der anderen stützte ich mich, um nicht umzufallen, an der schank ab, derweil ich im kopf von meinen gnaden auserwählte säufer beaufsichtigte, die sich täglich an der tafelrunde von könig alkohol einfanden, um mit einem über den nacken gezogenen spagat das morgenstamperl zu konsumieren; wer etwas vom elixier verschüttete, den schloss ich unbarmherzig aus. in meiner fantasie sah ich mich trotz innerlicher verzweiflung als erlöser und literaturnobelpreisträger, innerlich wahrscheinlich verzweifelter als diejenigen, die bereits resigniert hatten; nur mein krankhafter stolz hielt mich noch am leben. im gefühl meiner überlegenheit schleppte ich mich eines nachts zum canisibus beim westbahnhof und bot stotternd meine hilfe an, worauf mir einer der helfer wortlos einen teller suppe und brot reichte.

vor angst und panik gelähmt, wagte ich mich kaum mehr aus dem haus, denn die viecher, die sich bisher auf klostränge beschränkt hatten, hockten nun auch in wasserleitungen, fahrschein- und zigarettenautomaten, in verkehrsampeln, straßenlaternen, neonreklamen, rolltreppennotstoppern, getränke- und kaffeeautomaten sowie supermarktkassen. beim scheißen fühlte ich mich nur mehr auf flachspülern sicher, denn tiefspüler zogen mich in die muschel und von dort in die kanalisation, versuchte ich einzuschlafen, fiel ich in komatösen zustand und spürte glühende augen wie laserstrahlen in mich dringen. bis die viecher eines nachts aus ihren verstecken krochen, aus den wänden, dem klostrang und der wasserleitung. der boden verwandelte sich in ein gitter und der kachelofen zerbröselte, überall hockten und hingen sie angriffsbereit, mein seit jahrzehnten aufgestauter hass, mit dem ich der welt und der menschheit den krieg erklärt hatte, bezog nun front gegen mich. bewegungsunfähig und vollgeschissen lag ich im bett, abwechselnd in heißem und kaltem angstschweiß – vollkommen allein und einsam wie nie. schwärze umhüllte mich und stille fiel über mich. so musste die leere des nichts sein, ohne einen funken hoffnung und leben. plötzlich schwebten nebelfiguren in violetten schleiersoutanen durch die geschlossenen fenster und setzten sich zu mir aufs bett. in absoluter panik wollte ich ein vaterunser beten, aber ich hatte den mir von bruder triebfried vier jahre lang eingeprügelten text vergessen, den ich als strafe für meine kindlichen vergehen tausende male heruntergeleiert hatte; ich konnte mich nur an die ersten beiden worte, „vater unser", erinnern.

bisher hatte ich bedingungslos an mich und meine größe geglaubt, war überzeugt gewesen, von nichts und niemandem abhängig zu sein, allein und jeden nächsten tag dem alkohol, und zwar für immer, entsagen zu können. hatte an den samstagen im juni und juli die mutter auf pflegetour geschickt und mich eingebunkert, um den schlimmsten entzug zu überstehen, wobei ich wie ein parkinsonkranker die promille aus mir zitterschwitzte. am sonntag war ich so weit hergestellt, dass ich mit beiden händen aus einer halbvollen schnabelkanne kaffee schlürfen konnte und mir ein allerletztes bier genehmigte, um am montag ein neues leben ohne alkohol zu beginnen – was sonntag für sonntag im gewohnten dilemma endete. ich verstand nicht, dass mich bereits ein einziges bier im kreis drehen ließ, hilflos hing ich tag für tag in der endlosschleife des heute-saufens-und-morgen-allein-für-immer-aufhören-könnens. da ich mir dieses fatale muster über viele jahre täglich selbst einprogrammiert hatte, war für mich auch in keinem heute ein anderes verhalten als saufen möglich. dass mein leben im hier und jetzt stattfand, es an mir vorbei- und immer schneller ablief, wollte mein pseudointellektuell-überhebliches denken nicht zur kenntnis nehmen. mehr noch als der alkohol würde mich schlussendlich mein ego und mein selbstzerstörerischer stolz besiegen, der mir geradezu verbot, hilfe zu suchen und anzunehmen; der unbarmherzige stolz hinterließ einen zerstörten alkoholiker, der resignierend beschloss, sich zu tode zu saufen.

dass ich mich schnellstens dorthin saufen würde, verhinderte ein einziges bier am rathausplatz. völlig besoffen stürzte ich danach kopfüber aus der straßenbahn, zog mir aber lediglich ein paar kratzer zu. mit einem letzten aufbäumen von überheblichkeit – mir konnte ja wirklich nichts passieren! – soff ich noch eine runde, dann besuchte ich alcuette, um ihr zum wiederholten male das leben zu erklären. worauf sie mir ein ultimatum stellte: bis zum nächsten in aussicht genommenen kurzurlaub – bis dahin blieben mir zehn tage – musste ich mindestens zweimal eine selbsthilfegruppe gegen die sucht aufgesucht haben und – als besondere demütigung – am übernächsten morgen einen guru mit schokolade am westbahnhof verabschieden. ich stand mit dem rücken zur wand, denn alcuette meinte es wie mit der scheidung ernst. den guru erledigte ich zitternd und stotternd im entzug, für den besuch der selbsthilfegruppe trank ich mir im büro mut an, da es sich um eben die gruppe handelte, über die ich bisher gemeint hatte: „wenn die würschtln etwas von mir wollen, dann sollen sie zu mir kommen!" außerdem fürchtete ich, dort all jene anzutreffen, die ich bisher der sauferei bezichtigt hatte. ich kann mich nicht erinnern, wie ich bei der bellaria die treppen hinunter zur u-bahn schaffte, trotzdem kam ich am anderen ende der stadt aus dem untergrund hoch. mehrmals umrundete ich den wohnblock, ehe ich die mit dem logo der selbsthilfegruppe gekennzeichnete gegensprechanlage betätigte. als ich die stufen ins kellerlokal hinunter taumelte und dabei das stiegengeländer umklammerte, dachte der ehemals größte verbittert: „jetzt gehöre ich zum letzten dreck!" in diesem moment war mir nicht klar, dass ich allein durch mein kommen erstmals um hilfe bat. im wahrscheinlich einzig möglichen augenblick setzte ich diesen schritt – einen tag früher wäre ich noch zu stolz gewesen, meine niederlage einzugestehen, am nächsten tag vielleicht schon tot oder am steinhof; finanziell hätte ich mir noch tausende räusche leisten können, geistig, körperlich und seelisch vielleicht keinen einzigen mehr.

als ich die tür öffnete und stammelte: „ich glaube, ich trinke ein bisschen zu viel", war mein stolz noch nicht besiegt, aber zumindest angeknackst. der raum war nicht sonderlich beleuchtet, und das hoffnung ausstrahlende licht ging nicht von den neonröhren aus. worum es sich handelte, erfasste ich erst viel später durch die aussage einer freundin in ganzer dimension: „als ich das erste mal diesen raum betrat, neigte sich die höhere macht in gestalt trockener alkoholiker zu mir herab, die mir die hand reichten!" da wurde mir bewusst, dass mich diese höhere macht all die jahre durch jeden rausch getragen und mich in meinem größenwahn vor mir selbst und andere vor mir beschützt und nur darauf gewartet hatte, dass ich sie um hilfe bat. die höhere macht – wer oder was diese auch immer war – trug mich zu denen, die mich verstanden, in deren mitte ich mich nicht mehr als fremdkörper – wie bisher in jeder gruppe – fühlte.

mitten im august brannten mich jetzt nicht mehr der rum und die hitze aus, vielmehr war es die gruppe, die mich tag für tag, schritt für schritt, austrocknete, jeder trockene teilnehmer als mitglied der gruppe ein kleiner vampir, der ein wenig alkohol aus mir saugte. ebenso stur wie ich zuvor tausende tage alkohol in mich geschüttet hatte, nahm ich nun täglich an den treffen teil. obwohl niemand etwas über mich und meinen werdegang wusste, sprach im grunde jeder über mich und mein bisheriges leben. mein zugang zum alkohol war zwar unterschiedlich gegenüber jedem anderen gewesen, trotzdem wiederholte er sich in jeder geschichte. aus den erzählungen erfuhr ich auch, was mir bisher – durch selbstlose liebe – erspart geblieben war, was mir beim saufen alles nicht passiert war und was mir bevorstand, sollte ich weitertrinken. ausstinken und zuhören, wodurch sich der suchtdruck und mein alkoholkonsum täglich verringerte.

anfangs ersetzte ich meinen bisher unbeirrbaren glauben an mich durch den glauben an die gruppe. ich war überzeugt, durch regelmäßige teilnahme an den treffen auch einmal und ausschließlich für mich trocken und nüchtern zu werden und zu bleiben, und zwar ohne bedingungen. das wunder an mir ereignete sich nach dreieinhalb wochen. wie bisher vor jedem meeting besuchte ich auch an diesem abend das lokal neben der u-bahnstation, und die kellnerin brachte mir automatisch ein krügel. ich alleine hätte die kraft nicht aufgebracht, das bier abzulehnen, da ich noch nie nein zu einem krügel hatte sagen können, trotzdem hörte ich mich sagen: „das habe ich nicht bestellt, bringen sie mir ein mineralwasser." die stimme der höheren macht hatte aus mir gesprochen, die ich noch zweimal hörte, als sie mich beide male ermahnte: „sei nicht stolz, mein junge, sondern dankbar!" an diesem abend, als ich nach 22 jahren minus achtzehn tagen dauerrausch auf die ersten trockenen 24 stunden zurückblickte, und ungefähr einen monat später, als ich über meinen fantastischen körper und darüber philosophierte, was der und somit ich alles ausgehalten hatte.

ich hoffe, ich werde die worte: „sei nicht stolz, mein junge, sondern dankbar!", nie vergessen.

Neunzehn

Barbara Rieger

„I miss you already", schreibt Luke. „I miss you always", hört, denkt, fühlt Anna. „I kinda got attached to you, but I didn't realise it until you left", schreibt Luke und Anna denkt an den Backyard seines Elternhauses, an das Bonfire, denkt daran, wie sie die Schuhe zu nahe ans Bonfire gehalten hat, wie die Schuhspitze geschmolzen ist. „I hate becoming attached to things, especially to people", schreibt Luke und Anna denkt an sein Zimmer, sein Bett, denkt an die Nacht, die erste Nacht mit einem Mann, an die sie sich voll und ganz erinnern kann, für immer erinnern will. „Can you please come back", schreibt Luke. „It's your turn now", schreibt Anna.

Sie hört den Schlüssel im Schloss, die Wohnungstür, hört die Stimme der Mutter im Wohnzimmer: „Wo ist die Anna?", die Stimme von Hans: „Vor dem Computer, wie immer", hört die Schritte der Mutter. Anna verkleinert das Chatfenster, spürt die Mutter hinter sich stehen. „Ich hoffe, du informierst dich über das Studium", sagt die Mutter. „Hast du etwas gegessen?", fragt die Mutter. „Wann kommst du wieder?", fragt die Mutter. „Aber nicht erst morgen früh!", ruft die Mutter, als Anna die Wohnungstür hinter sich schließt, die Stufen hinunterläuft, alle fünf Stockwerke hinunter so schnell sie kann. Sie hat das als Kind geübt, fällt ihr plötzlich ein, schneller als der Lift zu sein. Sie wird es in die andere Richtung üben, nimmt sie sich vor, nach oben laufend, schneller als der Lift. Sie geht in den Keller, schiebt das Rad hinaus und fährt zu Paul.

Anna steht neben Petra vor den Stufen des Universitätsgebäudes. „Und was nimmst du jetzt?", fragt Petra. Anna zuckt mit den Schultern, Petra lacht und schüttelt den Kopf. „Komm", sagt sie. Anna geht neben Petra die Stufen hinauf, sie weiß noch immer nicht, was sie inskribieren soll, weiß nicht genau, warum studieren. Petra drückt die Tür auf. Am liebsten, denkt Anna, würde sie zurück nach Australien, würde sie wieder Backpackerin, würde sie für immer Backpackerin sein. Eigentlich, denkt Anna, möchte sie weg, aber, denkt sie, nicht ohne Petra, ohne Melli, ohne Paul. Petra steht vor ihr am Schalter, sie dreht sich um, hält den Studentenausweis in die Höhe und strahlt. Anna tritt nach vorn, legt die Dokumente auf den Schalter und nennt die Studienkennzahlen. „Auf Lehramt", hört sie sich sagen. „Aber auf Lehramt", haben sie gesagt, „was machst du denn sonst nach dem Studium", hat jeder gesagt und Anna nimmt den Studentenausweis, dreht sich um und geht mit Petra hinaus. Sie setzen sich auf die Stufen vor dem Universitätsgebäude, zünden sich Zigaretten an, vergleichen die Studentenausweise, vergleichen die Matrikelnummern, sie sind fast ident. Sie sprechen sich gegenseitig mit der Nummer an und lachen.

Zuhause zieht Anna den Studentenausweis aus der Tasche und betrachtet das Foto. Die schwarzen Haare stehen ihr gut, findet sie, das Gesicht ist in Ordnung, denkt sie, und den Körper sieht man nicht.

Studentin, denkt Anna und versucht sich hineinzufühlen in das Wort, versucht sich jung und frei und intellektuell zu fühlen. In der Früh hört sie die Mutter und Hans die Wohnung verlassen, macht sich Kaffee, fährt mit dem Rad zur Uni, hört sich die Vorlesung an, fährt mit dem Rad nach Hause, setzt sich zuhause auf den Balkon, zündet sich eine Zigarette an und genießt den Schwindel. Sie geht in die Küche und macht sich ein Müsli mit frischen Haferflocken, mit Nüssen, einem geriebenen Apfel, einer halben Banane und drei Löffeln Joghurt. Sie trinkt Kaffee und raucht noch eine Zigarette, setzt sich vor den Computer. „I was lying next to another girl", schreibt Luke, „and I wanted to touch her, 'cause I wanted to touch you." Anna seufzt, sie nimmt sich die Zeitung, studiert die Jobanzeigen, sie braucht unbedingt einen Job, braucht Geld, um Luke einzufliegen, denkt sie. Sie schreibt Bewerbungen, schickt Bewerbungen ab, ruft Leute an, macht Termine für Vorstellungsgespräche aus. Sie sieht sich die Mitschriften der Vorlesungen an, sieht sich an, was sie für dieses, für jenes Proseminar tun muss. Sie macht sich einen grünen Salat mit einer Tomate, ein bisschen Feta, ein bisschen Essig und Öl, sie isst sogar ein Stück Brot, damit es länger hält. Bis zum nächsten Tag muss es halten, denkt sie, und dass sie gehen muss, bevor die Mutter und Hans nach Hause kommen, bevor sie fragen können, wie es an der Uni war, was sie gegessen hat, wo sie hingeht und wann sie zurückkommt. Sie kann gehen, wohin sie will, denkt Anna, aber sie schreibt einen Zettel: „Bin bei Paul, kleine Party, wartet nicht auf mich", und legt den Zettel auf den Küchentisch.

Seit Paul eine eigene Wohnung hat, gibt es bei ihm jeden Abend eine kleine Party, kommt jeden Abend jemand vorbei, sie sitzen und liegen in Pauls Zimmer am Teppich, es gibt keine Couch. Sie trinken Bier und blasen den Rauch der Joints gegen die Decke, sie hören: „Where do we go from here? The words are coming out all weird. Where are you now when I need you?" „Und was ist jetzt mit Luke?", fragt Melli, „kommt er?", und Anna zuckt mit den Schultern. „Weißt du überhaupt noch, wie er aussieht?", fragt Petra und Anna schließt die Augen. Sie denkt an seinen Geruch, den Klang seiner Stimme, ihr Körper schwebt einen Meter über dem Teppich. „And I wish it was the sixties. I wish I could be happy. I wish, I wish, I wish that something would happen". Ihr Körper löst sich auf, sie öffnet die Augen, sieht zu Paul. „Hast du was zu essen?", fragt sie ihn. „Toast", sagt Paul. „Es gibt immer nur Toast", kichert Petra. „Den besten Toast der Stadt", sagt Melli. „Kannst du mir einen Toast machen?", fragt Anna und Paul steht auf, reicht ihr die Hand, zieht sie auf, geht mit ihr in die Küche. In der Küche setzt Anna sich wieder auf den Boden, es gibt keinen Tisch, keine Sessel. Sie beobachtet Paul, wie er Toast macht, Toast, den sie eigentlich nicht essen darf, denkt sie, Toast, den sie morgen bereuen wird, weil er sie in Gefahr bringt, in große Gefahr, die größte Gefahr ihres Lebens, die Gefahr des Weiteressenwollens, des Weiteressens, des Essens bis zum Anschlag. Aber sie ist hungrig, denkt Anna. „Ketchup?", fragt Paul und Anna nickt. „Wir wollen auch Toast", ruft Melli und Paul schüttelt den Kopf und grinst, legt den Toast für Anna auf den Teller und reicht ihn ihr hinunter. „Danke", sagt sie und beißt hinein. „Du machst den besten Toast aller Zeiten", sagt sie. „Du bist bekifft", sagt er und lacht.

Viel zu bekifft, denkt Anna später, als sie sich zu ihren Schuhen hinunterbeugt, als sie versucht mit dem Fuß in den Schuh zu schlüpfen, sie schwankt und landet auf ihrem Hintern am Boden. Sie versucht es im Sitzen, schafft es, den Fuß in den Schuh zu stecken und starrt die Schuhbänder an. „Das wird heute nichts mehr", sagt Melli und schüttelt den Kopf. Bei mir wirkt das immer so stark, will Anna sagen, aber ihr ist schlecht. Sie darf sich nicht so verkrümmen, denkt sie, sie muss sich ausstrecken. „Anna, bleib einfach da", sagt Paul. „Sonst müssen wir dich nach Hause bringen", sagt Petra und Melli streicht ihr über den Kopf. Die Tür schließt sich, Anna streckt den Fuß in die Höhe, Paul zieht am Schuh. „Danke", sagt Anna und krabbelt auf allen vieren zurück ins Zimmer, klettert aufs Bett und streckt sich aus. „Magst du noch ein Glas Wasser?", hört sie Pauls Stimme. Sie hört sich selbst brummen, träumt, jemand umarmt sie.

Studentenleben, denkt Anna, geht doch. „Es ist eigentlich alles ganz okay", schreibt Anna in ihr Tagebuch. Sie weiß nicht, woher der Druck kommt, weiß nicht, warum dieses Bedürfnis, davonzulaufen, ohne davon laufen zu können. Sie weiß nicht, wovor sie flüchtet, flüchten muss, was es ist, das sie nicht aushält, warum es immer wieder passiert, warum sie es immer wieder tut. Sie weiß nicht, warum sie ES, warum sie sich nicht kontrollieren kann, sie hasst sich dafür, dass ES stärker ist als sie. „In Australien habe ich sechs Wochen lang normal gegessen", schreibt Anna in ihr Tagebuch, „warum schaffe ich es hier nicht mal eine Woche?" Sie möchte ein Messer nehmen und in ihre Mitte stoßen. Sie möchte das Monster erwischen, das in ihr eingesperrt ist wie ein Vogel in einem Käfig und mit den Flügeln schlägt und schnattert und flattert. Sie möchte dem Monster den Hals umdrehen und es begraben, bis nichts mehr von ihm sichtbar, bis nichts mehr spürbar ist, denkt Anna. „You do it to yourself, you do and that's what really hurts", hört Anna beim Einschlafen. „You and no one else, you do it to yourself", hört Anna beim Aufwachen. Sie will nicht aufwachen, sie will ein Messer nehmen und mit dem Messer unter die Haut fahren, will mit dem Messer auf den Bauch einstechen, will den Schmerz wegschneiden und die Angst, dass sie nie wieder damit aufhören kann. „Ich möchte so dünn sein, wie ich mich fühle", schreibt Anna in ihr Tagebuch, „und ich wünschte, ich könnte wenigstens kotzen."

„I got half the money", schreibt Luke, „I want to see Europe, I want to see Austria, I want to see you", und Anna nimmt sich vor, ganz fest vor, das Geld, das sie bei dem Job, dem einzigen Job, den sie finden konnte, den sie hasst, wirklich hasst, nicht mehr für Schokolade auszugeben, nicht mehr für Fressorgien. Nie wieder Fressorgien, nimmt sie sich vor. Sie nimmt sich vor, zu lernen, nimmt sich vor, die Mutter und Hans um Geld zu bitten, Geld für die andere Hälfte des Fluges, nimmt sich zum tausendsten Mal vor, zu kämpfen, gegen sich selbst. „Wenn man wirklich will, dann kann man alles schaffen", sagt die Mutter immer. „Wenn ich wirklich will, schaffe ich es", schreibt Anna zum tausendsten Mal in ihr Tagebuch und dann schreibt sie ihren ersten Eintrag ins Selbsthilfeforum für Essstörungen. Sie schreibt, wer sie ist, wie sie isst und wie lange schon. „Such dir Hilfe", liest Anna, „geh zu einer Selbsthilfegruppe oder mach eine Therapie", liest sie. „Niemand, der so tief drinnen steckt wie du, kommt da alleine wieder raus."

Anna weiß, sie darf nicht anfangen zu ESSEN, das heißt, sie darf nicht mehr essen, als sie essen darf. Sie darf auf keinen Fall einen Bissen zu viel essen. Sie weiß genau, welcher Bissen zu viel ist, wenn sie ihn im Mund hat. Wenn sie ihn im Mund hat, ist es zu spät. Wenn sie etwas im Mund hat, das sie nicht will, das sie nicht soll, das sie nicht darf, ist alles zu spät. Dann will sie einen zweiten Bissen, den sie gar nicht will, dann will sie alles, was sie nicht will, alles, was sie kriegen kann, dann wird sie einen Weg finden, um jeden Preis. Sie wird mitten in der Nacht zur Tankstelle fahren und sich Schokolade kaufen, sie wird die Schokolade im Bett essen und die Schokoladenpapiere in der Schreibtischlade verstecken, sie wird mit dem Geschmack von Schokolade einschlafen und mit dem Geschmack von Schokolade aufwachen und sie wird es nicht ertragen können. Sie wird aufstehen, in die Wohnung horchen, ob sie schon alleine ist und wieder zum Kühlschrank gehen. „Ich weiß, dass ich mich auf meinen Hunger nicht verlassen kann", schreibt Anna in ihr Tagebuch. „Mein Verstand ist das einzige, worauf ich mich verlassen kann. Er sagt, ich kann nicht mehr."

Anna sitzt auf Pauls Bett und beobachtet ihn dabei, wie er einen Joint dreht. Er zündet ihn an, zieht daran und hält ihn ihr hin. Anna schüttelt den Kopf. „Das Kiffen macht alles nur schlimmer", sagt sie.

„Magst du stattdessen ein Bier?", fragt Paul und Anna nickt, geht in die Küche, holt sich eine Dose Bier aus dem Kühlschrank, geht zurück ins Zimmer, setzt sich wieder aufs Bett.

„Magst du darüber reden?", fragt Paul. Anna macht das Bier auf, trinkt einen Schluck, sieht zu Paul. Er dämpft den Joint aus, legt den halben Joint auf die Untertasse, stellt sie auf den Boden, lehnt sich gegen die Wand. „Luke?", fragt er. Anna schüttelt den Kopf. „Es hat nichts mit Luke zu tun", sagt sie, „nur mit mir, mit mir", sagt sie, „stimmt etwas nicht." Paul sieht sie an, zieht die Augenbrauen hoch und wartet. „Was stimmt denn nicht?", fragt er.

Anna nimmt einen großen Schluck aus der Bierdose, holt Luft und erzählt Paul von den Depressionen, von den Fressattacken und davon, wie fett und hässlich sie sich fühlt.

„Aber du bist doch nicht hässlich", sagt Paul. „Du bist doch nicht dick", sagt er, „du bist ein bisschen rund und weich und wunderschön", und Anna fühlt sich bekifft, obwohl sie gar nichts geraucht hat. „Aber eine Therapie wäre sicher kein Fehler", sagt Paul und Anna nickt und schluckt die Tränen hinunter.

„Dann soll er halt kommen, dieser Australier", sagt Hans zur Mutter und die Mutter nickt und Hans und die Mutter schenken Anna das Geld für die Hälfte des Fluges, Anna schenkt Luke das Geld für die Hälfte des Fluges. „But I don't want you to believe that I just come because of you", schreibt Luke und Anna läuft, läuft wieder jeden Tag. „Solange du dein Studium nicht vernachlässigst", sagt die Mutter. „Wir machen einen Urlaub, dann habt ihr Privatsphäre", sagt Hans und grinst und Anna beginnt für die Prüfungen zu lernen, beginnt die Proseminararbeiten zu schreiben. „I don't want you to expect anything", schreibt Luke. „I cannot promise you anything, not even that I want to have sex with you", schreibt Luke und Anna schläft in Pauls Bett. Pauls Bett ist groß, sie müssen sich nicht berühren, sie müssen gar nichts, Anna muss gar nichts bei Paul, einfach nur da sein. „Was ist das mit uns?", fragt er sie einmal, nur einmal, als sie dicht nebeneinander, aufeinander liegen. „Ich weiß nicht", sagt Anna. „Ich kann mich doch nicht in Paul verlieben", schreibt Anna in ihr Tagebuch, „doch nicht jetzt, wo Luke kommt." „I love you", schreibt Luke und Anna will den Computer umarmen.

Da ist Luke, der am Flughafen steht und winkt und genauso aussieht, wie sie ihn in Erinnerung hat, der sie genauso fest umarmt, der so redet und riecht, wie sie es in Erinnerung hat, Luke, der sagt: „I cannot sleep in your bed, I have feelings for someone in Australia." Luke in der Wohnung ihrer Eltern, im Gästezimmer, wo der Computer steht. Luke in ihrem Zimmer, auf ihrem Bett, Luke mit der Gitarre der Mutter und einer Stimme fast so gut wie die von Thom Yorke: „I don't care if it hurts, I want to have control." Besser als Thom Yorke, denkt Anna: „I want a perfect body, I want a perfect soul."

Luke, mit dem die Mutter und Hans Englisch reden müssen, Luke, der das österreichische Brot nicht essen kann, der Backhendl nicht essen kann wegen der Knochen, der den Salat nicht essen kann wegen dem Essig und Öl, Luke, der das Essen der Mutter ablehnt, „sorry", sagt er und zuckt mit den Achseln.

Luke, dem Anna die Stadt zeigt, Luke, den die Mutter, Hans und sie mit dem Auto herumführen, Luke, den sie in den Keller mitnimmt, Luke, dem ihre Freunde deutsche Worte beibringen. Luke in Pauls Wohnung am Teppich zwischen Petra und Melli, Luke mit einem Joint zwischen den Lippen, Luke, über den Paul zu Anna sagt

„er ist nett", Luke, der am Teppich liegt und über deutsche Worte lacht, Luke, den sie nach Hause bringt, der in ihrem Zimmer steht und sagt: „I would like to stay with you, just tonight", Luke in ihrem Bett, Luke, der in sie hineinwill, zu dem sie sagt: „I'm sorry, I can't", Luke, der aufsteht und in sein Zimmer geht.

Da ist Luke, der sich benimmt wie ein kleines Kind, das zu wenig Aufmerksamkeit bekommt, Luke, der sie nervt, weil er sich nie alleine beschäftigen kann, außer wenn er unter der Dusche ist oder wenn er in sein Journal schreibt. Anna möchte auch mal wieder in ihr Tagebuch schreiben, sie möchte für ihre Prüfung lernen, „vergiss deine Vorlesungen nicht", hat die Mutter gesagt, „und die Prüfungen", hat Hans gesagt, bevor sie weggefahren sind und Anna ist nicht zu den Vorlesungen gegangen, sie hat nicht für die Prüfungen gelernt, sie hat überhaupt nichts für sich selbst gemacht, hat alles nur für ihn gemacht, denkt sie und spürt eine Enge in sich, ein Flattern, sie hört die Tür des Badezimmers, sie hört ihn über den Fußboden gehen, in sein Zimmer, hört ihn in ihr Zimmer kommen, „ready to party", sagt er und Anna schüttelt den Kopf. Sie sagt, sie hat Kopfweh, sie fühlt sich nicht gut, sie will nicht auf die Party gehen, sie fragt ihn, ob er ohne sie auf die Party gehen kann, „with my friends", sagt sie, „you know my friends", und Luke nickt und Anna ruft Petra an, erklärt ihr die Situation und gibt den Telefonhörer weiter an Luke.

Luke zieht die Wohnungstür hinter sich zu, Anna starrt auf den Schlüsselbund, er baumelt hin und her. Sie hört den Lift nach oben kommen, hört das Öffnen und Schließen der Lifttür, hört den Lift nach unten fahren, macht einen Schritt nach vorn, dreht den Schlüssel um und zieht ihn ab. Sie atmet auf, endlich alleine, denkt sie und geht auf den Balkon, sieht Luke die Straße entlang gehen, um die Ecke biegen. Sie zündet sich eine Zigarette an, zieht an der Zigarette, spürt das Kribbeln in ihrem Körper. Das Kribbeln hört nicht auf, als sie ausgeraucht hat, wird stärker, als sie zurück in die Wohnung geht, wird stärker, je näher sie der Küche kommt. Flattern in ihrer Mitte, als sie die Speisekammer öffnet, nach dem Brot und dem Brotmesser greift und ein Stück abschneidet. Dröhnen in ihren Ohren, als sie den Kühlschrank öffnet, nach der Butter und dem Buttermesser greift, die Butter dick aufs Brot streicht. Pochen in ihrer Brust, als sie nach oben ins Regal greift, nach dem Honig, mit dem Buttermesser in den Honig fährt und den Honig aufs Brot tropfen lässt. Kreischen in ihr beim ersten Biss, Juchzen beim zweiten und dritten, ein High ab dem vierten Biss und ab dem vierten Brot endlich Entspannung.

Anna starrt auf das Honigglas, in dem die Butterstücke kleben. Sie sieht in die Speisekammer, es gibt kein einziges Stück Brot mehr. Sie sieht in den Kühlschrank, es gibt noch eine Packung Käse. Sie schneidet die Packung Käse mit dem Messer auf, schneidet ein Stück Käse ab, steckt ein Stück Käse, noch ein Stück Käse in den Mund. Anna starrt auf den Bauch, der Bauch ist eine Kugel, eine Bowlingkugel, denkt sie, sie möchte ihn von sich schleudern, muss ihn von sich schleudern, muss das alles wieder von sich bekommen, aber ihr ist nicht mal schlecht, da ist ein Kilo Brot in ihr und ihr ist nicht mal schlecht, denkt sie, da ist nur ein Pochen in ihrer Mitte, ein Dröhnen in ihrem Kopf, ein Hämmern gegen die

Schläfen, ein Brennen im Mund, Ziehen im Hals, Durst, denkt sie, nimmt ein Glas, trinkt ein Glas Wasser, noch ein Glas Wasser, sieht auf den Bauch, der größer und größer wird. Sieht in den Kühlschrank, sieht eine Dose Thunfisch, nimmt die Dose, reißt sie auf, fährt mit der Gabel in die Dose hinein, mit der Gabel in den Mund, immer wieder mit der Gabel in den Mund, bis die Dose leer, bis nur mehr kleine Stücke Thunfisch im Öl in der Dose schwimmen, hält sich an der Spüle fest, greift nach dem Glas und trinkt, der Körper krümmt sich nach vorn, vorn übergebeugt läuft sie auf die Toilette, hält sich an der Klomuschel fest und öffnet den Mund. Ihr ist schlecht, so schlecht wie noch nie, denkt sie, aber noch immer nicht schlecht genug. Sie steckt den Finger in den Mund, den Rachen, den Hals hinunter bis zum Gaumenzäpfchen, drückt mit dem Finger gegen den Rachen, bis es sie reckt, bis der Thunfisch, bis der Käse, bis das Brot, bis alles, endlich alles, alles wieder gut ist.

Frisch, denkt Anna in der Früh, sie fühlt sich so frisch und ausgeruht wie schon lange nicht mehr, hat gut geschlafen, durchgeschlafen, nichts gehört von Luke, sie streckt sich, steigt aus dem Bett, geht ins Vorzimmer. Kein Schlüssel, der innen steckt und Lukes Schuhe sind nicht da, sie öffnet die Tür zum Gästezimmer. Luke ist nicht da. Eine lange Party, denkt sie, macht sich Kaffee und setzt sich zu den Skripten. Melden könnte er sich schon, denkt sie zu Mittag. Dass etwas passiert ist, denkt sie am Nachmittag, dass etwas passiert ist, weiß sie, als sie bei Petra anruft und Petra nicht abhebt, als sie bei Melli anruft und ihre Stimme hört. „Es tut mir so leid", sagt Melli, „wir waren total betrunken."

Tot, denkt Anna in der Früh, als sie aufwacht, sie möchte lieber tot sein, als den Schmerz zu spüren, diesen Schmerz, wenn sie an Lukes Gesicht denkt und seine Stimme, die ihr den Unterschied zwischen „to love" und „to be in love" erklärt, diese Stimme, die zu ihr sagt: „I was never in love with you." Sie möchte lieber tot sein, denkt Anna, als Luke vor sich zu sehen, der ihr erklärt, er hätte immer Angst gehabt, dass sie sich in ihn verliebt. Luke, der sagt, er hätte Gefühle für Melli. Luke, der sagt, da wäre etwas zwischen ihm und Melli, dem er nachgehen wollte. Luke, der sagt, aus Rücksicht auf Annas Gefühle hätten Melli und er nicht miteinander geschlafen, Luke, dem sie für diesen Satz ins Gesicht schlagen möchte. Aber sie ist nicht tot, denkt Anna und sie wird sich auch nicht umbringen, nur weil sie so dumm war, zu glauben, was eigentlich, fragt sie sich, was hat sie sich nur gedacht. Sie wird, denkt Anna, einfach nie wieder so dumm sein, nie wieder, denkt sie und steht auf.

Da ist Luke, der ihr Schokolade schenkt zum Trost, Luke, dem sie die Schokolade ins Gesicht schleudert, den sie anschreit, dass er zu Melli gehen kann, bei Melli wohnen kann, wenn sie ihn so interessiert. Luke, auf den sie einschlägt, bis er zurückschlägt, bis sie sich gegenseitig schlagen, bis es knackst in Annas Arm, bis sie schreit vor Schmerz und heult und sich zusammenkrümmt. Luke, der sie hält, und sagt: „I don't want to go, I want to stay with you", der sie sehr fest hält und sagt, was sie hätten, wäre wesentlich wichtiger als jede Anziehungskraft zwischen ihm und Melli, Luke, der sie sehr fest hält und sehr vorsichtig küsst. Luke, den sie in sich eindringen lässt, weil es jetzt keine Bedeutung mehr hat. Luke, der danach sagt, er hätte noch nie so einen intensiven Orgasmus gehabt wie gerade mit ihr. Luke, der ihr sagt, wie cute ihr Belly ist und wie gern er sie hätte. Luke, dessen Journal sie liest, während er unter der Dusche ist, sie liest, wie fasziniert er von Melli ist, wie überrascht er über die Heftigkeit von Annas Gefühlen ist und wie sein Orgasmus war, tatsächlich: „the longest and most intense orgasm ever, just incredible." Luke, der sich noch einmal mit Melli trifft, „just to talk", Luke, mit dem Anna wegfährt, mit dem sie Hand in Hand durch Städte läuft, mit dem sie am Turm des Stephansdom steht und hinunterschaut, Luke, der sich beschwert, als Anna auf seiner Abschiedsparty mit jemand anderem flirtet: „forgive me if I'm wrong, but I thought we started to have something." Luke, der ihr in der letzten Nacht ins Ohr flüstert: „I came all the way from the other side of the world just to be with you", Luke in ihrem Bett, sie spürt seinen Körper auf ihrem, spürt ihn in sich, spürt nichts. Luke am Flughafen, sie sieht ihn verschwinden, sieht ihm nach, spürt nichts.

Tot, denkt Anna, der Schmerz hat alle möglichen Farben, schreibt sie in ihr Tagebuch, die Depression ist grau. „Es tut mir leid", schreibt Melli mindestens einmal die Woche und Anna weiß nicht, was sie antworten soll. „Es tut ihr wirklich leid", sagt Petra, „sie will nie wieder Alkohol trinken", und Anna lacht. „Aber er war schon ein Arschloch", sagt Paul und Anna zuckt mit den Achseln. „Wir waren ja nicht zusammen", sagt sie. „Aber weh tut es trotzdem", sagt Paul. „Eigentlich", sagt Anna, „fühle ich gar nichts mehr." Ich habe nicht mal Lust zu essen, schreibt sie in ihr Tagebuch.

„Anna, du musst etwas essen", sagt die Mutter, „Liebeskummer ist die beste Diät", sagt Hans und lacht und Anna geht ins ins Gästezimmer, in Lukes Zimmer und macht die Tür zu. „You're so fucking special", schreibt Luke, „you've changed me", und Anna schließt das Chatfenster, öffnet den Browser, sucht nach Universitäten in Wien. „Vorlesungsverzeichnis", liest Anna, „Jobbörse", liest sie und „Wohnungsbörse". Es klopft, Anna schließt den Browser, die Tür öffnet sich, die Mutter kommt herein, geht zu Anna, legt einen Zettel vor Anna auf den Tisch. „Vielleicht gehst du mal da hin", sagt die Mutter. Auf dem Zettel steht ein Name, eine Adresse, eine Telefonnummer. Anna dreht sich zur Mutter um, die Mutter seufzt. „Vielleicht kann sie dir helfen", sagt sie, seufzt noch einmal und geht hinaus. Anna starrt auf den Zettel. „Psychotherapeutin", liest sie immer wieder.

Fit for life – Literaturpreis

PreisträgerInnen
2021

Gabriele Müller – *Der Passant*
Uli Klepalski – *Brief an den Weihnachtsmann*
Verena Posch – *Auszüge aus dem Tagesablauf einer Alkoholkranken*
Andreas Kleinhansl – *Trinker*

Der Passant

Gabriele Müller

Die blaue Reisetasche war so schwer, dass sie kaum zu tragen war. In ihr transportierte ich das Tier, ich hatte es Emil genannt. Es fraß vorwiegend Luft. Einmal überfraß es sich, sodass es mehr als ich wog. Ich stellte die Tasche auf dem Gehsteig ab und schaute unauffällig um mich. Auffallen, das mochte ich nicht.

„Gehört das Ihnen?", fragte mich ein Passant.

Wir bückten uns beide zugleich.

Es tickte. In einer der Seitentaschen war nun auch ein Wecker, noch in der Verpackung, mit Batterien, wohl firmenseitig bereits eingesetzt.

„Diese Uhr klingt sehr engagiert", sagte der Passant. Er wirkte recht klug. Emil knurrte, doch der Mann tat, als hörte er nichts.

„Ich brauche die Tasche eigentlich nicht", sagte ich und meinte damit das Tier in ihr. Denn Emil ängstigte mich oft sehr. Ich streichelte ihn dann tagelang, nur damit er mich nicht biss.

„Ja, dann", sagte der Mann. „Aber Sie wissen, einfach stehenlassen, ist nicht so leicht."

Er trug ein offenes Gesicht und einen schwarzen Anzug dazu. Seine Augen leuchteten haselnussbraun.

„Haben Sie ein bisschen Zeit?", fragte ich ihn, ohne zu wissen warum.

„Zwei Jahre, vielleicht auch drei", sagte er.

Gerne hätte ich sofort kehrtgemacht. Doch platzte gerade die Tasche an einer Naht, eine Kralle von Emils Tatze schaute hervor. Ich verdeckte die Stelle mit meinem Fuß und sagte: „Aha." Der Passant nutzte mein Zögern und zog rasch Notizblock und Füllfeder aus einem Halfter hervor.

„Der moderne Held stirbt seit Langem durch eigene Hand", sagte ich. Pitigrilli selbst hatte ich nicht gelesen, aber das Zitat an der Wand im Gruppenraum der Anstalt, wo ich bis vor Kurzem gewesen war. „Ich habe das Mitleid mit mir zu ertränken versucht, so lange, bis ich vor mir selbst verschwand", gab ich, nun wo eines da war, zu Protokoll. Zu beeindrucken schien ihn das alles nicht. Er entschuldigte sich. „Berufskrankheit", sagte er, „Feder und Block." Er steckte beides wieder ein und packte die Tasche an einem der Henkel. „Kommen Sie, zu zweit ist das Ding gar nicht so schwer."

Er öffnete ein Tor hinter mir. Schweigend trugen wir die Tasche zum Lift, Emil bemerkte er nicht. Auch während der Fahrt nach oben sagte er nichts, sodass ich fragte: „Hallo, ist hier Sprechverbot?"

„Nein", sagte er und schwieg.

Das Dachgeschoss bestand aus einem einzigen Raum, einem kleinen Tisch mit zwei Stühlen und einem lebensgroßen Bild an der Wand. Auf dem Bild war nichts, es war schwarz. Der Mann setzte sich mir gegenüber, schwarzer Anzug vor schwarzem Hintergrund. Manchmal schaute nur das Weiß seiner Augen hervor. Durch ein Fenster drang helles Licht. Ein Bündel davon fiel in der Höhe seines Halses auf das Bild, sein Hemdkragen sah aus wie ein Kollar. „Ich bin's nicht gewesen", sagte ich, „wirklich nicht", ehe ich selbst wusste, was ich nicht begangen haben wollte. Er lächelte. Das Licht bildete eine Art Heiligenschein.

Wir trafen uns nun jede Woche zur selben Zeit am selben Ort, stets trug der Mann dasselbe Gesicht und den gleichen Anzug, was nicht dasselbe ist. Die Tasche mit Emil stellte ich für gewöhnlich neben das linke Tischbein vor mir, so bemerkte er ihn nicht. Schließlich hatte ich die Naht gut zusammengenäht. Er betrachtete ausschließlich mich, das gefiel mir sehr. Emil verhielt sich so ruhig, als existiere er nicht.

„So ein Glück", sagte ich, „dass gerade Sie der Passant gewesen sind."

„Manchmal meint es der Zufall gut", sagte er, „aber nicht jederzeit."

Da der Mann ansonsten vorrangig schwieg, nickte oder schrieb, gab ich zahlreiche Details meines Alltags preis, auch Anekdoten fielen mir ein. Einmal hatte ich mir eine Geschichte über Rasenmähen im Spätherbst, samt Pointe, bereits im Vorfeld ausgedacht und brachte sie erzählfertig zu unserem Treffen mit. Er sagte nichts, aber schaute gar nicht belustigt drein. Vor Schreck purzelten die Wörter in mir durcheinander. Ich dachte an Wäschestücke im jäh unterbrochenen Schleudergang.

„Es geht hier weder um Botanik noch um Zoologie", sagte er dann. „Hier geht es ausschließlich um Sie."

Leere dehnte sich aus. „Warum?", fragte ich. „Bin ich eigentlich hier?"

„Man könnte sagen, wegen X, Y oder E", sagte der Mann. „Die WHO verwendet Zahlen dafür. Das schafft weltweit Übersicht. Ich ziehe regionale Namen vor. Sagen wir Emma dazu."

Erschrocken zog ich die Tasche etwas näher an mich. Hatte er etwa Emil bemerkt? Ahnungslos fragte er: „Wovor haben Sie eigentlich Angst?" Und so erzählte ich ihm die Geschichte vom durstigen Löwen, der trinken wollte, und erschrak vor dem durstigen Löwen in der Wasserlache, der in der Lache trinken wollte und den durstigen Löwen sah, der trinken wollte und den durstigen Löwen sah und erschrak.

„Wasser oder Wein?", fragte er.

„Kaffee", sagte ich, „um diese Zeit."

Da schaute der Mann erstmals zum Tischbein, hinten links. „Wo kommt das eigentlich her?", fragte er und zeigte auf das Stückchen Fell, das aus der Lücke zwischen Verschluss und kratzfestem Stoff hervorschaute. Es bewegte sich unregelmäßig auf und ab.

„Es kriegt keine Luft", sagte der Mann. „Lassen Sie es doch raus." Die Stunde war jedoch um.

Ich schloss das Tor hinter mir. Die blaue Reisetasche war ungewohnt leicht. Ich stellte sie auf dem Gehsteig ab, um nach Emil zu sehen.

„Wissen Sie vielleicht, wie spät es ist?", fragte mich ein Passant. Er trug eine bunte Kappe und einen blauen Trainingsanzug.

„Haben Sie kein Telefon?", fragte ich ihn.

„Telefon schon, aber keine Uhr", sagte er.

„Das ist merkwürdig", meinte ich, „in der heutigen Zeit."

Ich tastete nach meinem Handy, fand es aber nicht. Der Mann mit der bunten Mütze lief neben mir am Stand, seine Arme schwangen gegengleich mit.

Ich bückte mich nach dem Wecker. Doch die Reisetasche war weg. Und Emil auch.

Brief an den Weihnachtsmann

Uli Klepalski

Prolog: *Muss ich, muss ich nicht? Man muss nicht müssen, nicht scheißen, nicht küssen, nur sterben muss ich, ja, was sag ich denn immer, ach was. Abrakadabra, das Bauchweh soll weg!*

Tag 1
hendlhaxn goldbraun praxiten gewöhnungsbedürftiges praxiten lexotanil muss man schon aufpassen gewöhnungsbedürftig verklebung und ich trage es in die welt hinaus: positiv denken du machst was DU willst katastrofe katastrofe katastrofe ecetera ecetera ecetera the healing way.

Abdomen leer, maaja, maaja, maja, maja. Ja sicher, der Tod des Vergil.

Drang Drang Drang, Stuhldrang, Havaneser, Tötungsstation. Das ist die Vergangenheit des jüdischen Volkes, der altehrwürdige Gott. Des glaub i ned, wasd, des jüdische Volk, die Sündflut is ma, des is ollas irgendwo, ich beschäftige mich mit dem Neuen Testament. Und die Kirschblüte so schön und die Magnolie ahähähähänggngng ich bin ein Niemandkind, ich bin ein Neumondkind, eine Zangengeburt, woid eh ned aussa, woid eh ned lebm, wiad eh ned lebm, wir haben beide nicht gut geschlafen ähähähä. Ich bin ein Bär. Loslassen. Der Schmerz in dir. Das schaffen Sie, schauen Sie die Fischerln an, schauen Sie den Fischerln zu.

Weitermalen, weitermalen, weitermalen, schaff ich schon, schaff ich schon, Laxoparal, Piritramid, jetzt mal der Einlauch! Obstipation, Ob die Station, Optistation Tötungsstation, Obdispation, viele Fingerhüte machen auch eine Handvoll. Viele Fingerhüte machen auch eine Hand voll. Auf den Spiegel, der Spiegel ist wichtig, auf den Spiegel kommt's an. Die Buchstabensuppe, täglich diese Buchstabensuppe, mittäglich, abtäglich, a, b, c, d, e, f, g, die Buchstaben im Abfluss, hähä ich esse diese Suppe nicht!

rotes bettenhaus grünes bettenhaus the healing code öööaarckrgghhhh blaue wartezone auuua viel trinken, ja? Spiegeltrinkerin? viel trinken der krug geht so lang.

Der Katzentraum? Die Quantelkatze, die Katzenkitten, die pendelnden Katzenbabies in den zwei Käfigen, aneinandergereiht eins neben dem anderen, Abdomen leer Abdomen her. Wie die Fledermäuse, wie die klitzekleinsten Strampelanzüge auf der Wäscheleine, mit offenen Mäulchen schreien, quieken sie: Schrödingers Katze, Prankenbär! Die Stuhlprobe hab ich auch schon erledigt. Des wisch ma weg. Die blauen Patscherln brauch ich für die Hundezone, rote Schucherl, blaue Schucherl wird der Papi bringen, die Mama, der Mutterverlust.

So ein Blödsinn, das is was Organisches, Scheißbauch, Scheißbauch, kleiner Einlauf, großer Einlauf. Süchtig auf Beeren, süchtig auf Bären, Allergie, Idiosyn-, Intoleranz. Ich esse jetzt meine rote Grütze und dann sag i nix ..., geh ich mein Geschäft anständig verrichten. Mmmm, Erdbeerschaum, Erdbeermus, karmesinrotes krapprotdunkelgranatapfelkernfärbiges Erdbeermus. So was hab ich noch nie gegessen, das ess ich auf den Spiegelgrund leer.

umbra placebo phantomschmerz du wachst auf und der schmerz ist da ist derselbe schmerz (ist) der gleiche schmerz?

Schmerzambulanz, Doktor Panjikaraan, veränderte Situation, Station, der Hungerschmerz schaut anders aus. Drei Esslöffel voll schwärzliches Wasser. Schwester: Das ist kein richtiger Stuhl! Nein? Noch bin ich nicht aufgelegt zur Sesselschlacht. Pickel am Arsch. Polyp, was machma mit dem Polyp? Der kommt in die Magnettransparenz. Anscheinend sind die Nerven der Menschen verschieden gestrickt. Anscheinend sind die Nerven der Menschen verschieden verstrickt. Lass dich nicht unterkriegen, das wird nicht wieder, das wird nicht mehr aber es geht schon. Jippie, zwei Kilo weniger Wasser, lach a bissel, Puppi!

Wo ist mein Haarreifen, da ist eine Pinnadel, da am Boden liegt eine kurze Nadel mit einem blauen zylinderförmigen Kolbenköpfchen, nur mit der Ruhe, so isses, nur mit der Ruhe.

Pumppumppumppump, derselbe schmerz derselbe schmerz verdammter poröser darmschlauch schlauchbauch bauchschlauch garten-, na da hast jetzt den schlauch! lochverpickter fahrradschlauch.

Hoffmanns Erzählungen: Ja bitte, Sekretariat Dr. Gerstl! Ja, entschuldigung, bin ich da? Ich hab die Nummer von der Schmerzambulanz gewählt. Nein, Sie sind im Wiener Rathaus. Aber das ist mir schon aufgefallen, auf dem Formular steht die falsche Nummer, aber ich verbinde Sie gerne weiter, die Durchwahl wäre 660. Jaja, werd ich notieren. AKH Wien, guten Tag, wir helfen Ihnen gerne weiter, aber wir sehn das nicht so eng! Das mit dem Essen und das mit dem Sex, dass beides nicht nur kuschelig ist, ausreizen, ich will noch was ich will noch was, das Dippi, das Substi, das mit dem Das. Werd ich genau beschreiben, den Sex lass ma weg, aber das bei dem Essen aber nicht jetzt.

Megabauchweh, so eine verdammte Scheiße, verdammte Scheiße, nach jeder Mahlzeit stellt sich der Scheißkerl quer, stellt sich dieser Scheißkerldickdarm quer. Also wie ist das bei dem Essen? Also da sieht man zunächst zum Beispiel das Erdbeermus oder das Blunzengröstl oder den Granatapfel aufgebrochen oder die Schoki oder den grünen oder den weißen Spargel oder den Scheiterhaufen oder den Erdäpfelschmarrn oder das Rindsschnitzerl vom Biobauern oder das Pesto oder die Mousse und es macht einen an. Und dann könnte man sich jemand vorstellen, der das verzehrt und einen fragt, ob man kosten mag, doch man sagt nein, nein danke, ich esse mit den Augen.

Man schmeckt die samtige zuckrige fettige Herbe der Schoki, man beißt ab und lutscht und zuzelt und drückt gegen den Gaumen und fuhrwerkt mit der Zung umadum, bis es nur mehr schokiger Speichel ist, den man schluckt und der Bauch setzt ein Smiley auf.

Man schmeckt die geile fettige Würze des Kuttelkrauts im Blunzngröstl, das gestockte Blut, das gesottene Blut, Pastinak, das Pfeffrige, den Wacholder, die Sellerie.

Man schmeckt die mollige buttrige nährende Masse des Erdäpfelschmarrns, das angeröstete Goldbraun, das angelegte Dunkelbraun, die Erde, die Wärme der Knolle, der Scholle, die Spurenelemente, das Fett. Die Zunge drückt, der Gaumen fühlt, die Zähne zaudern, kein Biss, man bewegt den Brei in der Mundhöhle herum und vermischt Blunze mit Apfel, das Fette, das Geile, das Würzige, Gesottene mit dem molligen, ganz leicht süßlichen Nährenden der Kartoffel und schluckt und da setzt der Bauch ein Smiley auf.

Man schmeckt das smarte Aparte des Rindfleischs, den charmanten gehaltvollen Fond des leicht sämigen Safts doch nicht cremig doch noch transparent, in den man die jetzt petersiligen Butterkartoffeln gequetscht hat. Nicht zaudern die Zähne, zermürben die zarten Fasern mit sanfter Gewalt und der Bauch setzt ein Smiley auf.

Zuerst freut sich das Magerl, dann erschrickt der Zwölffingerdarm, dann plagt sich der Dünndarm, man schwitzt und dann stellt sich der scheißkerl quer pumppumppumpauuuaaa, der schmerz!

Megaauweh, und beim Sex schreit man auch oft vor aua und hat nachher Wadenkrämpfe und Blasenhüpfen, das nennt man Lustschrei. Beiß die Zähnt zam, Graf Dracula ist raus.

magnetresonanz abszess aszitis agafin katzenafin bauchwassersucht. die hose geht zu der gürtel auch ins zweite loch nicht ins vierte, scheißbauch pumppumppumppump, bauchschlauchschmerz auweh.

Epilog: *Abarbeiten, abarbeiten, abarbeiten, einmal kann man ja durchstreichen, des schmeiß ma weg, des kummt int suppm.*

Tag 2
resolon lexoporal ich will noch was aber nicht jetzt. fußbilder magnesiummangelresonanzfußbilder aber nicht zu heiß aber nicht zu fuß. weil ich heut morgen beim kopfwaschen fußabdrücke hinterließ fleck weg fleck-

wetter kazweierr pumppumppumppump, verdammter scheißschmerz.

Das Gasbemmerlschaasbemmerlbuch: Irgendwann sagte ein sehr weiser Filosof, ob es nicht Aristoteles war?, folgendes: „So lange ich da bin, ist der Tod nicht da und wenn der Tod da ist, bin ich nicht mehr. Ergo – wovor Angst haben?" Tja, so einfach ist es nicht, Herr Filosof und es ist auch nicht so. Der Tod ist da, der Lärm von der Bauchstelle und ich bin da, soo ist es nämlich! Juckjuckjuckjuck, Heilfasten, Geduldampfer, Prokrastination, da kamma sich nur durchfuttern wie eine Ziege und Gasbemmerl scheißen, Ochsenherztomaten, Bemmerlbauchweh.

viele bemmerln ergeben auch ein würschtl, wenn nix reinkommt kommt auch nix raus.

Wenn Sie Ihre Schmerzen in einer Ziffernfolge von eins bis zehn definieren sollten, wo wäre für Sie da der Schmerz? Zehn. Jetzt muss die Uli was essen, so leid es mir tut, pochpochpochpoch, das ist ein Einschub, Rosmarin, Salmonelle, vor langer Zeit sagte ich mal: Dillkraut macht traurig. Highlight mit Bauchweh, das kommt alles in DEN Ordner, schon wieder fährt mir der 37er vor der Nase davon. Steht ma auf, legt ma sich hin, veränderte Situation: Sie müssen nicht jeden Tag aufs Klo gehen. Besser als nix. Au-, au-, Ausgang Herminengasse, Dipidolor, Dipicolor, kommt jetzt das Sackerl?

viele bemmerln machen auch einen darm voll viele bemmerl füllen auch einen darm.

Tag 3
Entschuldigung, ham Sie bitte Wattestäbchen? Grins. Einmal sans do, amoi sans duat, bei da Kassa bitte, grins, den dawisch ich jetzt, das geht sich nicht aus.

Afterlog: *Dieser Mensch im vollgerammelten Aufzug, mit dem Fußball- oder Nackenrollenwurschtbauch rechts, was der für Maßnahme unterm Hemd versteckt trägt? Dieser Mensch, Bei Strich, der so flüchtig noch eintrat, in den Boxershorts, dieses abgemagerte, ausgehungerte, ausgehagerte Gesicht, ob von ihm die Blutstropfen auf dem Boden sind? Dieser Mensch, wie er schaut halbseitig links auf den Mann mit den portionierten Penne und Rucola, dem Chili, dem Kalbsgulasch in Plastikbehältern auf seinem Wagerl, wie er wissbegierig schaut, sich mehrmals umdreht, nach dem Pennewagerl schaut, giert, fragend, hungrig? Und schließlich, nachdem alle anderen Leute ausgestiegen sind, mit französischem Accent fragt: Aber eine Kantine gibt esch doschon? Die Flecken auf seiner Jacke verwaschen rosa, Rotwein, okkultes Blut, dieser Blick, er steigt aus. Die Blutstropfen am Aufzugsboden, gar nicht verborgen.*

Tag 4

dosis erhöhen dosis erhöhen der darm is im orsch der darm ist im arsch dea dam is im oasch.

Das Bett beim Fenster ist für Hofbauer reserviert, heut morgen ist die eine Frau Hofbauer gegangen, die war meines Alters groß stattlich, heut Nachmittag kam eine junge Frau Hofbauer hinein. Ganzes Paarl Würstel, die englische Schwester gibt den Senf dazu. Der Beichtstuhl ist kein Computer, ich lehn mich an die Windschutzscheibe und sauge das Vitamin D aus dem Strahl. Warum soll sie nicht kommen, warum soll sie nicht kommen? Des was i ned, die Martina kommt bald. Weiße Socken, Converse, schwarze Socken, blaue Socken, die Protagonisten treten auf. Rote Schuchi, blaue Schuchi wird der Pappi bringen, die Antagonisten treten auf. Spaghettiträger, weiße Socken wären nicht schlecht, ok und das passt dann schon. Und zwischendurch rennt die arme Ulcerosamaus zigmal aufs Klo. Lesen tut sie *Österreich* und *Seitenblicke*, was eine schwere Krankheit aus einem macht, geht sich das aus?

Der Herr Magister bekommt sein Essen natürlich; der Herr Magister ein Mann, bei dem sich das himmelblaue Nachthemd über dem Bauch, der sich zur Körpermitte hin wie ein ungeheurer vertikaler Hügel zuspitzt, stülpt, Goyas *Koloss* en miniature, *Oblomow*, ein Playmobillegomännchenkoloss. Gravitätisch und tollpatschig watschelt er zur Waage, zum Stützpunkt, zur Teeküche, gravitätisch verkündet er sein Vorhaben, seine Wünsche, seinen Ungemut oder auch Zorn (als ich ihn zum ersten Mal sah bei seiner Einlieferung, alteriert bis zur Explosion: Phhhhhchkkk, ba, ba, baaaah! I bin glodn! – So hilflos, so patschert so gebeutelt in seiner Emotion) und jetzt so würdevoll und gelassen in seiner gravitätischen Selbstsicherheit, verkündet der Herr Magister seine Zustimmung: Natürlich, natürlich! Das ist in Ordnung.

Der Kopf glatt rasiert mit distelweißem Flaum, das Gesicht könnte Doderer sein, ein gedunsenes Heimito von.

sofort oder nein vielleicht später natürlich natürlich na oiiida oasch! stuhl ham sie ghabt mehr als 20-mal weniger als 20-mal und immer mit Blut alles klar.

Dabei schaut die Ulcerosamaus aus wie das blühende Leben.

Informationsveranstaltung

Der Beckenboden – alles was Sie wissen sollten

Tabuthema Beckenboden – und warum wir darüber reden sollten

Stärken Sie Ihren Beckenboden – die besten und effektivsten Übungen für zu Hause

Unfreiwilliger Stuhlverlust – und was dann?

(So eine Schweinerei, ich hab meinen Sessel verloren, so ein Pech, der Stuhl ist wech!)

Die Kontrolle verlieren – es kann geholfen werden bei Harnverlust

Die Haltung ändern (kein feiner Mensch, der hat eine ungute Haltung, und wie ist Ihre Haltung dazu? Halt di grad, Mädl) – wie sitze ich richtig auf der Toilette?

Inkontinenz bei Kindern – Neues aus der Kinderchirurgie, welche Bildgebung im Becken wirklich sinnvoll ist

Blasenprobleme bei Männern – wie die Urologie helfen kann

Verstopfung – wenn Abführmittel nicht mehr helfen

Schmerzen im Becken – ein lösbares Problem?

Angehörige richtig pflegen – eine machbare Herausforderung

Moderation: Stefan Riess und Engelbert Hanzal
Donnerstag, 24. Mai 2018, 12:00–15:30 Uhr
Jugendstilhörsaal Rektoratsgebäude
Spitalgasse 23, 1090 Wien
https://beckenboden.meduniwien.ac.at

Tag 5
Shelley heißt im Jüdischen VON MIR, so wie der englische Dichter (auch so ein Laudanumhalunke), erzählt mir die neue Nachbarin. Shelley heißt ihre jüngste Tochter, es war der Wunsch ihres Mannes, dass die Tochter so heiße. Auf Englisch heißt Shell Muschel, ob das was mit dem Dichter zu tun hat? Shell, so heißt auch eine Benzinfabrikation, eine Tankstellenkette. Benzin, Kaffee, Pumppumppumppump, das mit dem Schmerz.

Tag 6
Paspertin, Propofol, Zetvauka – Zentralvenenkatheder. Der Transvestit mit der Rüschenhose, wie die Minka gesagt hat: so ein lustiges Ohrringerl! Und damit dieses Implantat meinte, Graf Dracula, den man in die Halsschlagader gelegt kriegt zu Generalversorgung und ich gesagt hab: Ja, das hat die Piercingindustrie noch nicht spitzgekriegt.

und jetzt diese warterei mit dem drähteentfernen die drähte sind raus ich bin entnäht die nähte sind raus ich bin entgrätet entnähet, ich geh.

Afterlog: *Dieser Mensch im vollgerammelten Aufzug, mit dem Fußball- oder Nackenrollenwurschtbauch rechts, was der für Maßnahme unterm Hemd versteckt trägt? Dieser Mensch, Bei Strich, der so flüchtig noch eintrat, in den Boxershorts, dieses abgemagerte, ausgehungerte, ausgehagerte Gesicht, ob von ihm die Blutstropfen auf dem Boden sind? Dieser Mensch, wie er schaut halbseitig links auf den Mann mit den portionierten Penne und Rucola, dem Chili, dem Kalbsgulasch in Plastikbehältern auf seinem Wagerl, wie er wissbegierig schaut, sich mehrmals umdreht, nach dem Pennewagerl schaut, giert, fragend, hungrig? Und schließlich, nachdem alle anderen Leute ausgestiegen sind, mit französischem Accent fragt: Aber eine Kantine gibt esch doschon? Die Flecken auf seiner Jacke verwaschen rosa, Rotwein, okkultes Blut, dieser Blick, er steigt aus. Die Blutstropfen am Aufzugsboden, gar nicht verborgen.*

Tag 4

dosis erhöhen dosis erhöhen der darm is im orsch der darm ist im arsch dea dam is im oasch.

Das Bett beim Fenster ist für Hofbauer reserviert, heut morgen ist die eine Frau Hofbauer gegangen, die war meines Alters groß stattlich, heut Nachmittag kam eine junge Frau Hofbauer hinein. Ganzes Paarl Würstel, die englische Schwester gibt den Senf dazu. Der Beichtstuhl ist kein Computer, ich lehn mich an die Windschutzscheibe und sauge das Vitamin D aus dem Strahl. Warum soll sie nicht kommen, warum soll sie nicht kommen? Des was i ned, die Martina kommt bald. Weiße Socken, Converse, schwarze Socken, blaue Socken, die Protago

Auszüge aus dem Tagesablauf einer Alkoholkranken

Verena Posch

Als ich mich zum qualifizierten Alkoholentzug ins Krankenhaus begab und dort zwei Wochen Zeit hatte, mich mit meinem alkoholdurchzogenen Leben auseinanderzusetzen, nahm ich ab und an einen Bleistift in mein zittriges Händchen, um niederzuschreiben, was mir so durch den Kopf ging.

Die Gehirnzellen, die ich mir noch nicht professionell weggesoffen hatte, gaben doch noch einiges preis und so versuchte ich zu rekonstruieren, wie das so war mit mir und dem Alkohol, denn als mich die klinische Psychologin am dritten Tag meines stationären Aufenthaltes fragte, seit wann und wie viel ich denn übermäßig getrunken hätte, hatte ich einen Anlass, mein Resthirn zusammenzukratzen und ernsthaft und nüchtern zu überlegen. Weiters wollte sie wissen, wie denn so mein Tagesablauf gewesen sei.

So beginne ich, in krakeliger Handschrift meine Geschichte wiederzugeben ...

Also angefangen hatte die Sauferei eindeutig, als ich noch verheiratet gewesen war. Mein Exmann hatte damals übermäßig getrunken, und ich hatte es ihm gleichgetan, nachdem ich bemerkt hatte, wie toll Alkohol gegen depressive Verstimmungen wirkte.

Nach der Scheidung trank ich zunächst aus Freude darüber, dann nur so aus Langeweile, später wieder aus Frust. Eigentlich gab es immer einen Grund, um sich einen umzuhängen. Begleitend für jede erdenkliche Gefühlslage gab es die passende Alkoholmenge und -sorte dazu.

Hauptsächlich aber, um zu vergessen, nahm ich Alkohol in großen Mengen zu mir. Mein erbärmliches Leben konnte und wollte ich einfach nicht mehr mitansehen und ertragen müssen. Nach der entsprechenden Zufuhr von Alkohol war einfach alles leichter. Ich trank die Probleme weg, die am nächsten Tag zwar immer noch da waren und gleich wieder weggespült werden mussten, aber wenigstens für ein paar Stunden konnte ich so tun, als wäre alles in Ordnung.

Als ich meinen Konsum eines Tages reduzieren wollte, ist mir das nicht so richtig gelungen. Ich nahm mir zwar vor, hie und da ein gepflegtes Bierchen zu genießen, aber das bekam ich nie auf die Reihe.

Das Gemeine an der Sache war, dass es bei dem einen gepflegten Bier einfach nicht blieb. Gut, gegen zwei kann auch keiner was sagen, aber bei mir ging das einfach nicht. Wenn ich einmal angefangen hatte zu trinken, musste ich einfach weitertrinken, bis nichts mehr reinging. Da gab es keine Vernunft, die sagte, jetzt ist es aber genug. Ich trank einfach weiter.

Der Alkohol ist eine sehr feine Sache. Er lässt einen fröhlich werden oder seine Sorgen vergessen. Die positiven Effekte, die der Alkohol verursacht, stammen nämlich daher, dass Alkohol in unserem Gehirn mächtig was durcheinanderbringt, so erfuhr ich eines Tages. Rezeptoren, die Botschaften in unserem Gehirn weiterleiten sollen, werden durch den Alkohol einfach blockiert, das heißt, die Info kommt einfach nicht an.

Alkohol hemmt also die Neurotransmitter an der Weiterleitung von Nachrichten. Negative Emotionen brauchen so nicht er- und gelebt zu werden.

Ich fand, dass Alkohol das ganz gut schaffte und hatte für mich somit eine absolute Daseinsberechtigung. Das war im Regelfall fein, denn wenn eine Rechnung über vierhundert Euro ins Haus flatterte, die man nicht bezahlen konnte, war einem das im alkoholisierten Zustand egal.

Im nüchternen Zustand war mir das nicht egal. Ich bekam Sorgen und Magenschmerzen. Nun hatte ich zwei Möglichkeiten: Entweder ich setzte mich mit dem Problem auseinander, also überlegte, was ich machen konnte. Zum Beispiel mit den Leuten, die die Rechnung geschickt hatten, reden und um Zahlungsaufschub oder Ratenzahlung bitten. Vielleicht grundlegend darüber nachdenken, wofür man überhaupt zahlen soll, ob nicht ein Rabatt vergessen wurde und ob man in Zukunft vor einem Kauf nicht besser nachdenken sollte.

Oder aber ich pfiff auf die quälenden Existenzängste, die das Anschauen der Rechnung hervorriefen und machte mir unverzüglich ein Bier auf. Der unbestrittene Vorteil am Bier: Es wirkt sofort. Ich brauchte keine langen Telefonate zu führen, die vielleicht eh nichts brachten, ich brauchte keine Grundsatzdiskussionen mit mir selber führen, ob denn die Anschaffung der neuen Hightech-Kaffeemaschine wirklich notwendig war. Überlegung am Rande nach dem ersten Schluck Bier: Wozu brauche ich überhaupt eine Kaffeemaschine, ich brauche eh nur Alkohol.

Es ist einfach so: Alkohol wirkt sofort und hilft gegen alles. Die Panik ist weg und das Leben ist schön. Aus.

Im Normalfall konnte ich den Tag so ganz gut beginnen lassen. Die Sache mit der Rechnung war um zehn Uhr am Vormittag. Jetzt aber hurtig, denn nun waren hausfrauliche Tätigkeiten zu verrichten.

Einkaufen fahren musste ich bald, sonst war ich laut Amt nicht mehr fahrtauglich. Also kippte ich während des Anziehens, Bettenmachen und dergleichen nur ein Bier.

Nun hieß es aufgepasst, wohin ich einkaufen fuhr. Auch das will wohlüberlegt sein, denn man will ja bei der Beschaffung von Alkohol nicht auffällig werden. Somit kam es nicht infrage, an zwei Tagen hintereinander in das gleiche Geschäft zu gehen. Da wir in unserer Ortschaft nicht so viele Geschäfte hatten, fuhr ich manchmal gerne in eine Nachbarortschaft, um Hamsterkäufe alkoholtechnischer Natur zu tätigen.

Ich fand, dass auch die Kombination der eingekauften Dinge eine wesentliche Grundlage dafür darstellte, nicht als Alkoholiker enttarnt zu werden. Wenn ich etwa Grillwürstel und dazu eine Kiste Bier und zwei Flaschen Wein kaufte, ging das locker als Einkauf für ein Grillfest durch, wenn man zur Cognacflasche ein Geschenkpapier dazu nimmt, ist klar, dass das hochprozentige Getränk ein Geschenk sein soll und nicht für den Eigenbedarf gedacht ist. Ich trank zwar nie Cognac, aber es geht mir hier ums Prinzip.

Auch beim Entsorgen will mitgedacht werden.

Ich kannte doch tatsächlich Alkoholiker-Kollegen, die den ganzen Keller, die Garage oder den extra dafür angeschafften Zubau mit Leergut zugemüllt haben, wie sie zu apathisch waren, täglich zur Recyclinginsel zu wanken.

Faule Ausreden waren da meist: „Der Altglascontainer steht direkt vor dem Eingang des Nachbarhauses.

Da sieht mich ja jeder. Und in der Nacht kann ich nicht mehr, da bin ich zu betrunken." Oder: „Ich würde ja gerne zum Recyclinghof fahren, aber ich habe keinen Führerschein mehr."

Manche sind deshalb auf Wein in Plastikflaschen umgestiegen, weil man die hinterher so schön zusammenknüllen und somit den Müll volumenmäßig minimieren kann. Das kam für mich nicht infrage. Ich wollte mich immer noch gepflegt unter den Tisch kehren. Also Flaschenbier kühl mit Schaumhaube aus dem Lieblingskrug und Spritzwein aus einem originalen Spritzweinglas.

Das ging ziemlich lange Zeit gut, doch gegen Ende meiner aktiven Alkoholikerkarriere musste ich für die Beschaffung der Weinflaschen, der Mineralwasser- und Bierkisten fortan auf das Auto verzichten, denn auch ich hatte meinen Führerschein bei der Exekutive abgegeben und musste nun zu Fuß gehen.

Ab sofort musste Dosenbier herhalten und den Spritzwein musste ich mangels Mineralwassers mit Leitungswasser, welches ohnehin gesünder war, zubereiten. Da ich auf Wein aus Flaschen weiterhin nicht verzichten wollte und mittlerweile drei davon pro Tag brauchte, ging sich eine Mineralwasserflasche schlepptechnisch einfach nicht mehr aus.

Um auf das Entsorgen zurückzukommen: Ich entsorgte mein Leergut beinahe täglich. Man musste einfach nur hurtig sein beim Hineinwerfen der Flaschen in den Altglascontainer und immer auch sicherheitshalber ein paar leere Gurkengläser zur Tarnung zwischendurch und für Vorbeikommende gut sichtbar reinschmeißen.

Ein paar feige Alkis erzählten mir, dass sie das Leergut in einem Papiersackerl im Altpapiercontainer versenkten. Ich machte sie darauf aufmerksam, dass das verursachte Klirrgeräusch im Altpapiercontainer nichts verloren hatte und erst recht Aufmerksamkeit erregen würde und sie außerdem gefälligst umweltbewusster saufen sollten.

Weiter im Tagesablauf: Nach dem zwischenfallsfrei überstandenen Einkauf ging es hurtig ab nach Hause, um sich zur Belohnung endlich eine Bier aufzumachen. Jetzt durfte ich ja, ich musste ja nicht mehr Autofahren. (Dass die Sache mit dem Autofahren eines Tages danebenging, weil ich mich bei der Bedarfsermittlung an Alkoholika verkalkuliert hatte und ich in volltrunkenem Zustand motorisiert Nachschub organisieren musste, weil ich nicht mehr gerade stehen konnte und somit zu Fuß gehen nicht infrage kam, war echt saublöd. Es war nämlich das erste Adventwochenende gewesen, und ich hätte mir anhand der Statistik der vergangenen Jahre ausrechnen können, dass die Wahrscheinlichkeit einer Fahrzeugkontrolle mit anschließender Führerscheinabnahme sehr hoch war.)

Jedenfalls gab es nach dem Belohnungsbier ein Ermutigungsbier, denn jetzt wurde es ernst mit der Hausarbeit. Diese durfte unter keinen Umständen vernachlässigt werden, denn sonst hätte es ja heißen können: „Die schafft das ja gar nicht mehr, die säuft ja!" Das war unter allen Umständen zu vermeiden.

Bei mir sah es meistens gut aus zu Hause. Ich wusch jeden zweiten Tag Wäsche. Wenn sie trocken war, räumte ich sie auch gleich wieder weg. Wenn was zu bügeln war, machte ich das abends bei einem Motivationsbier vor dem Fernseher. Angetrocknetes Geschirr und vergammelte Lebensmittelreste gab es nicht in meinem Haushalt, da ich mich ohnehin nur von Alkohol ernährte.

Zu Tarnungszwecken und zum Mundausspülen, sprich, zur Fahnenvermeidung respektive -verminderung, positionierte ich an strategisch günstigen Stellen ein paar Becher Kaffee und im Badezimmer standen stets zwei Flaschen Mundwasser parat. Denn es kam oft vor, dass unvermutet ein Bekannter vor der Tür stand und irgendetwas wollte. Und dann hätte es aber blöd ausgesehen, wenn du um neun am Vormittag besen- und bierflaschenschwingend durch die Bude wieselst!

Also Flasche in die nicht einsehbare Ecke und Kaffeehäferl dekorativ und demonstrativ auf den Küchentisch gestellt. Ha, was war ich nur gut!

Falls ich Pech hatte, kam der ungebetene Besuch ein bisschen später, so ab der Mittagszeit, wo trinktechnisch schon ein bisschen mehr gegangen war und sich die Fahne nicht mehr so gut vertuschen ließ. Doch dafür hatte ich mir eine super Ausrede ausgedacht, die aus der Not heraus entstanden war, auf die einmal tatsächlich gestellte Frage einer neugierigen Nachbarsfrau, die sich Mehl bei mir ausborgen wollte und die da lautete: „Da riecht es nach Alkohol. Hast du was getrunken?", gab ich die Antwort: „Ja, versehentlich. Gerade eben. Ich habe an dem Tetrapack Apfelsaft angezogen, der war aber scheinbar schon in Gärung. Mir ist jetzt noch schlecht!"

Schlecht wurde mir wirklich. Die Frage war einfach unerhört. Außerdem ärgerte ich mich über mich selbst, denn als sie einfach zur Türe hereinkam, stand ich gerade in einer Tarnhäferl-freien Zone und konnte nicht spülen.

Seitdem hatte ich immer Pfefferminzbonbons in der Hosentasche. Ich lasse mich doch nicht verarschen! Außerdem sperrte ich die Türe ab und schaute zuerst aus dem Fenster, wer vor der Türe ist. Das war insofern praktisch, als dass ich nicht bei jedem Besucher einen kalten, bitteren Kaffee zu mir nehmen musste. Denn bei Besuchern, bei denen man selbst als Alkoholiker ein Alkoholproblem vermutet, erübrigt sich das.

Wenn zum Beispiel der Rauchfangkehrer vor der Türe stand, brauchte ich kein Täuschungsmanöver einzuleiten, denn der hatte stets selber einen im Tee. Wir beide konnten sozusagen auf einer Ebene, heißt, mit einem ähnlichen Alkoholisierungsgrad kommunizieren, denn er hatte sich Mut angetrunken, um den Kamin zu kehren, und ich, um anschließend den Keller reinigen zu können.

Angeboten hatte ich ihm trotzdem immer nur einen Kaffee. Sah einfach souveräner aus.

Wenn ein lästiger Besucher weg war, brauchte man zunächst einmal dringend ein Beruhigungsbier. Falls dann die Wäsche fertig gewaschen war, konnte ich den Gang in den Keller mit dem Alk-Nachschubholen gut kombinieren.

Gegen Nachmittag sollte man seine Alk-Vorräte sowieso so positionieren, dass man nicht gefährlichen Hindernissen wie Stiegen ausgeliefert ist.

Überhaupt sollte man alle Tätigkeiten, bei denen man mit anderen Menschen kommunizieren muss, auf eine halbwegs nüchterne Tageszeit verlegen. Sämtliche Termine, die man so hat, finden somit bis zehn Uhr statt.

So und nur so schafft man es, jahrelang als unauffälliger Mitmensch wahrgenommen zu werden. Wenn man sich also nun erfolgreich durch den Tag getrunken hat und am Abend endlich mit einem Feierabenddrink auf der Couch zusammensacken kann, sofern man nicht ohnehin irgendwo eingeschlafen ist, blickt man auf das zurück, was man erledigt hat. Und dann kommt man drauf, dass das alles eigentlich nicht so gewaltig war.

Mir kommt die Vierhundert-Euro-Rechnung wieder in den Sinn. Das ungute Gefühl in der Magengegend wird mit einem Spritzwein hinuntergespült, auf den ich nachmittags umgestiegen bin. Das musste ich deshalb machen, weil die große und wichtige Aufgabe des Staubsaugens anstand und da passte ein weißer Spritzer besser dazu. Er wirkte einfach dynamischer. Drei Spritzwein lang musste ich darüber nachdenken, in welchem Winkel des Hauses ich anfangen wollte. Zur Selbstmotivation machte ich schlussendlich mit mir selber aus: Ein Spritzwein nach jedem fertig gesaugten Raum. Nun war ich aber schnell mit dem Saugen! Nach sieben Räumen hatte ich mir dann ein weiteres Belohnungsbier verdient gehabt.

Danach versank ich kurzfristig in eine kleine Depression, weil ich nichts mehr zu tun hatte und beschäftigte mich mit dem Zählen der Fliesen in der Küche (250 Stück). Das Gießen der Zimmerpflanzen verstärkte meine Depression noch zusätzlich, weil ich beim Gießen im Allgemeinen schlampig war und in der letzten Woche darauf vergessen hatte. Dementsprechend sahen die Pflanzen aus.

Das Vorhandensein einer Depression wollte ich nicht ungenutzt lassen. Jetzt konnte ich es mir wieder einmal so richtig schlecht gehen lassen. Also verkrümelte ich mich mit Rotwein (passt besser zur Stimmung) in mein Zimmer und hörte Musik, die mich noch deprimierter werden ließ.

Als ich genug von Depression und Rotwein hatte, startete ich noch mal voll durch und räumte den Staubsauger weg.

Nach dem wohlverdienten Feierabenddrink änderte ich meine Meinung und stellte fest, dass doch gewaltig was weitergegangen war und ich alles voll im Griff hatte. Von Alkoholproblem keine Spur. Die vierhundert Euro Rechnung legte ich zur Seite. Das war eindeutig eine Sache, über die ich noch genauer nachdenken musste und die bis mindestens Übermorgen Zeit hatte.

Übermorgen ging es mir aber aus einem unerfindlichen Grund besonders schlecht. Jedenfalls kam ich nicht aus dem Bett. Um elf Uhr musste ich mir ein Glas Spritzwein hineinziehen, um endlich in die Puschen zu kommen. Die Aktion Aufstehen dauerte dann bis eins. Somit war es schon zu spät für vernünftige Telefonate und das Ganze musste auf die nächste Woche verschoben werden, da ja am nächsten Tag Samstag war.

Ein wirklich problematischer Termin war die quartalsmäßige Überbringung der Leberwerte an die Bezirkshauptmannschaft, die mir den Führerschein unter der Bedingung wiedergegeben hatte, meine gesundheitliche Eignung im Auge zu behalten.

Ich kann nur sagen, und da bin ich immens stolz darauf, ich bin nie durchgefallen beim Blutcheck, weil ich die kontrollierte Alkoholzufuhr echt voll im Griff hatte. Also fast halt, denn die Vorbereitungsphase für die

Blutabnahme hatte es in sich, weil für ein gutes Ergebnis der Leberwerte erforderte es eine gewisse Zeit der Abstinenz. Diese dauerte bei mir inzwischen exakt vier Wochen.

Das Ganze lief so ab: Ich beschloss das Saufen ab morgen sein zu lassen. Da ich ja kein Alkoholiker war – ich doch nicht!!! –, konnte ich das alles ganz allein, ohne Entgiften, Entwöhnung und derlei Firlefanz, denn so was brauchten ja nur die echten Alkis. Außerdem hatte ich ja meinen Führerschein wieder und durch die durchaus tollen Leberwerte hatte ich es ja sogar irgendwie amtlich, dass alles in Ordnung war.

Also war der Plan, ab dem nächsten Tag nicht mehr zu trinken. Infolgedessen mussten am Tag davor dringend alle noch im Haus verfügbaren Alkoholika vernichtet werden. Weil ich kein Typ bin, der gerne Lebensmittel wegschmeißt, und Alkohol gehörte für mich eindeutig zu den Lebensmitteln, musste ich sie austrinken. Manchmal ging das daneben, weil doch noch was überblieb und so musste der Rest am nächsten Tag vertilgt und die ganze Aktion auf den übernächsten Tag verschoben werden. Da der Rest vom Vortag nicht für den ganzen Tag reichte, musste Nachschub geholt werden. Falls davon wieder ein Rest blieb, verschob sich die Sache erneut. Ich hatte also Glück, wenn an einem Tag beides passte: mein Alk-Spiegel und keine Restmenge.

Blöd war es nur, wenn die Entzugserscheinungen am nächsten Tag so grausam waren, dass ich trotzdem was trinken musste. Wenn ich es doch einmal geschafft hatte, die Entzugserscheinungen nicht wieder mit Alkohol zu bekämpfen, litt ich genau eineinhalb Tage fürchterlich. Während der trockenen vierwöchigen Phasen ging es mir, nachdem ich die Entzugserscheinungen in den Griff bekommen hatte, eigentlich sehr gut. Deswegen meinte ich nach einiger Zeit, ha, überstanden. Geht ja auch ohne und ich kann jederzeit wieder aufhören. Ich gehe jetzt die Sache sachte an. Muss ja nicht gleich eine ganze Kiste sein, aber ein, zwei Bierchen am Tag können ja nicht schaden. Ich hatte beinhart vor, wieder Normaltrinker zu werden, und war überdies der Meinung, nach ein paar Wochen Alk-freien Lebens würde man sowieso nicht mehr so viel vertragen.

Am Tag der Blutabnahme ging ich feierlich Alkohol einkaufen, kühlte alles sorgfältig ein und begab mich zum Amt. Dem Amtsarzt bestätigte ich, wie wohl ich mich fühlte und froh ich sei, mit dem Alkohol nichts mehr am Hut zu haben. Er lobte mich, zapfte mir Blut ab und wünschte mir weiterhin alles Gute.

Zu Hause hatte ich mir nach so vielen Wochen Abstinenz ausnahmsweise ein Bierchen vormittags verdient. Wie vorgehabt begann ich die Sache ganz sachte. Doch auf das zweite Belohnungsbierchen am Vormittag folgte ein drittes und so fand ich mich irgendwann nachmittags volltrunken auf der Couch wieder.

Einen Tag später hatte ich mich auf die gleiche Dosis emporgetrunken, die ich vor meinem selbstgebastelten Entzug gebraucht hatte, um weiterleben zu können.

Trinker

Andreas Kleinhansl

Teil I: Der Trinker

Er trinkt. Er trinkt und er stinkt. Er trinkt dauernd, trinkt am Tag, trinkt in der Nacht … Wenn er getrunken hat, weiß er nicht, was er tut. Er redet irgendwelches Zeug, trinkt, redet. Er trinkt jeden Tag zig Bier. Trinken kann man nicht mehr sagen: saufen. Er säuft. Dann geht er auf die Leute los, beschimpft sie, stänkert herum, stinkt, wie ein Strotter, besoffen, krank, ein armes Schwein, aber er trinkt. Jeden Tag. Er trinkt, bis er tot ist. Kaputt trinken. Dann raucht er zwei Packerl Tschick, lebt in einer Traumwelt, in einer anderen Welt. Er lebt in einer anderen Wirklichkeit. Hat viele Ideen und Pläne. Er könnte wirklich kreativ sein, etwas unternehmen, einen Banküberfall vielleicht oder einen Überfall auf einen Geldtransporter. Eiskalt, am besten schwer bewaffnet, skrupellos und brutal. Motiv wäre: das Erfolgserlebnis. Er denkt an den Überfall. Logisch – nicht mehr trinken, aufhören mit dem Trinken.

Teil II: Der Überfall

Ich beschließe eine Bank zu überfallen, um mein Taschengeld aufzubessern. Wichtig sind die genaue Planung, das entschlossene Handeln und die Gewissheit, dass es klappen wird. Ich denke mir alles genau durch, es ist keine primitive Sache, sondern genauestens geplant. Als erstes denke ich an schwere Waffen, also Panzerfaust, Raketen, Sprengstoff. Pistole und Gewehr sind out, ebenso Messer. Sogar einen Zettel schreiben: „Geld her, das ist ein Überfall!", geht gar nicht. Also maskiert und schwer bewaffnet fahre ich mit zwei Autos und zwei bis drei Komplizen zur Bank. Einer wartet draußen. Die Panzerfaust schießt gleich ein riesiges Loch in die Fassade – zur Abschreckung – dann gehen wir hinein. Im unterirdischen Tresorraum liegt unser Bargeld bereit. Der Wachmann bekommt einen Schubser und ich stecke die Beute in eine große Tasche.

Draußen ist schon eine Menschenansammlung mit Schaulustigen. Auch damit habe ich gerechnet: Schnell steige ich ins Fluchtauto, das mit laufendem Motor wartet. Ein Kollege wirft ein paar Rauchbomben, um den Schaulustigen die Sicht zu nehmen, unsere Autos sieht man nicht mehr! Das alles geht schnell und in ein paar Minuten fahren wir mit den Millionen schon wieder ab. Der zweite Wagen hält einen Abstand, bietet Rückendeckung. Jetzt kommt der schwierigste Teil: Polizeisperre. Die sind vorgewarnt, doch ich schieße mir den Weg frei. Mit einer Flak 16 cm Kaliber, die im Auto montiert ist. Die schießt den Polizeiwagen einfach von der Straße weg, die Polizisten springen in Panik zur Seite, sie wollen nicht verletzt werden. Im Zickzack-Kurs hin- und herfahrend gelangen wir in Sicherheit. Mein genialer Plan ist aufgegangen! Ich habe es geschafft. Wir sind reich! Wenn auch nur in der Fantasie. Die Idee zum „Überfall" bekam ich beim Biertrinken …

Teil III: Lebensfreude

Mit dem Trinken aufgehört, keine Bank überfallen, neue Beziehung, gesund leben, Lebensfreude, einen Kurs für „mediales Schreiben" besuchen, Freunde haben. Er denkt nicht mehr ans Saufen, er denkt nicht an Überfälle, er denkt nur mehr positiv – sein Bewusstsein erweitert sich auch so, ohne Rausch. Er ist nicht unzufrieden, er ist gesund, er arbeitet als Schriftsteller, zeichnet und malt, fährt in Urlaub. Erholung ist angesagt. Er trinkt nicht, er raucht nicht, er lebt gesund, hat Spaß am Sex, er ist glücklich, zufrieden, ja fast ein Spießer. Er betreibt Sport, Bewegung ist ja gesund. (Sein Elektrofahrrad steht schon seit Monaten im Keller!) Er sitzt nicht gerne herum, liest ein Buch und spielt ein Musikinstrument.

Beziehung kommt, Beziehung geht. Es sollen gemeinsame Interessen vorhanden sein. Seine Freundin raucht. Sie lachen viel. Sie genießen das Leben. Er nimmt seine Freundin bei der Hand, sie küssen sich. Sie lieben sich. Harmonisch soll es sein, so wie jeder Tag von Neuem beginnt und am Abend zu Ende geht, ist das Leben. Regelmäßigkeit, Lebensfreude. Dazu braucht er keinen Alkohol, keine Kriminalität. Lebensfreude ist ganz anders: ein Lächeln, eine Blume, ein Lied!

Fit for life – Literaturpreis

PreisträgerInnen
2022

Heinz Achtsnit – *Harmonie- und Trunksucht*
Inanna – *Phönixia aus der Asche*
Martin Weiss – *A gfäuda Dog*
Ali Al Taiee – *Cola-Rot*
Rudolf Krieger – *Als ob du da warst, sehe ich in den Tag*

Harmonie- und Trunksucht –
die kurze Beziehung meiner Eltern

Heinz Achtsnit

der sog des ostfeldzugs hatte auch den ursprünglich kompletten körper meines zukünftigen vaters, des gefreiten koartschi/deckname „der grünveltlinerische", nach russland gespült, seinem späteren prahlen zufolge verstand er es, andere in die schusslinie zu dirigieren, während er den eigenen arsch schonte und den krieg, anfangs zumindest, als abwechslung empfand. obwohl nur meldefahrer, sabotierte der gefreite koartschi die wehrmacht ein jahr erfolgreich, denn sollte er ausrücken, pinkelte er in den motorradtank und meldete sein gefährt krank. vielleicht wäre der grünveltlinerische unversehrt zurückgekehrt, doch im april 1942 schiffte er im rausch in das falsche fahrzeug und beendete seine einzige feindfahrt mit unzähligen granatsplittern im oberkörper, die schwere maschine stürzte auf ihn und begrub ihn unter sich.

mit beutewodka vollgepumpt lag mein zukünftiger vater in einem notlazarett in der nähe von smolensk am operationstisch, sein linker, noch nicht abgestorbener arm hing lose an ihm. der sanitäter erkannte mit geübtem blick die dringlichkeit einer amputation, sägte den linken arm zwischen schulter und ellbogen durch und übergoss den glatten schnitt mit wodka, dann widmete er sich den inneren verletzungen. seit der gegenoffensive der bolschewiken war er hauptsächlich damit beschäftigt, deutsche soldaten lebensfähig zu verstümmeln, an die entfernten innereien und amputierten gliedmaßen, die manchmal als trophäe den arbeitsplatz russischer panzerfahrer zierten, so wie ausgestopfte sauschädel heute noch immer heimische wirtshäuser verschandeln, vergeudete er keinen gedanken. nach mehreren notoperationen vermisste der koartschi nicht nur den linken arm, sondern auch ein drittel seines magens und die rechte lunge.

mit den für meinen vater unbrauchbar gewordenen bestandteilen hatte das schicksal großes vor: der rechte lungenflügel, vom linken arm und dem magendrittel gefolgt, führte den marsch an, bohrte sich unter dem lazarett in sichere tiefe und dort nach einem linksschwenk richtung heimat. der arm schob und drehte den spitzen lungenflügel wie einen maulwurf beim tunnelbau vor sich her und scharrte das erdreich nach hinten, wo das allesfressende magendrittel jede mahlzeit mit einem kräftigen furz veredelte, wodurch er arm und lunge mit dem erforderlichen antrieb versorgte.

anlässlich der wiedereröffnung der katholischen hochschule fand eine feier statt, in deren verlauf meine zukünftige mutter william lathamcorn kennenlernte. william, 27, aus shreveport/louisiana, stand als adjudant des amerikanischen befehlshabers in wien am beginn einer glänzenden militärkarriere, weshalb bill am großelterlichen kanapee hof halten durfte; zudem war bill als befreier aus einem land, das tonnenweise lebensmittel verschenkte, jedem einheimischen dodel als möglicher schwiegersohn vorzuziehen. williams einziger makel bestand in ständigen kopfschmerzen, an denen er seit der wiedereröffnung litt, aber nicht einmal die aufkeimende krankenschwesterntollwut meiner mutter konnte ihn dazu bewegen, das medical center aufzusuchen. bill kurierte die schmerzen lieber in einem ohrenfauteuil aus; bill schien verliebt zu sein. zu seinem 28. geburtstag lud william lathamcorn meine mutter ins kino ein, und überschwenglich nahm die mutter die einladung an. william erlag kurz vor 19 uhr einem hirnaneurysma, nachdem er in erwartung eines heimatfilms – und vielleicht etwas mehr – im kino neben meiner mutter platz genommen hatte. die autopsie ergab ein zerfetztes hirngefäß, an dem die mutter nicht schuld sein konnte. in wahrheit beendete das blutbad in williams schädel seinen bereits mehr als zaghaften versuch, das schicksal meiner familie nachhaltig zu beeinflussen, denn augenscheinlich verliebt verhielt sich auch meine mutter. trotz aller sympathie für william, er konnte nicht mein vater werden!

unangemeldet stand eines morgens die mutter vom hias aus perg vor der tür, um für ihren sohn um die hand meiner zukünftigen mutter anzuhalten. dabei handelte es sich um alten brauch, der bei erfolg fünfzig eier, ein kilogramm speck, drei hasen und einen selbstgebackenen hochzeitssterz kostete, ansonsten bloß die bahnfahrt letzter klasse tour-retour. diesmal bewirkte aber selbst eine in aussicht gestellte frisch gestochene sau als draufgabe nichts, denn „wofür glauben sie, gute frau", meinte die großmutter nicht unfreundlich, aber bestimmt: „haben wir unser dirnderl maturieren lassen?", und einlenkend: „wir wollen doch nur das beste für unser kind!" die mutter vom hias verstand den feinen unterschied zwischen drecksarbeit im stall und bürotätigkeit wohl. somit fiel aber auch der hias als mein möglicher vater aus.

obwohl meiner zukünftigen mutter bisher beinahe jede denkbare verletzung widerfahren war, bewahrte sie nach außen ein heiteres wesen und verbannte die innere verzweiflung derart geschickt, dass sie für damalige begriffe als schön zu bezeichnen war: das typisch süße wiener mädel, ihre ausstrahlung eine mischung aus florence nightingale und mutter theresa, für ein freundliches wort hilfsbereit wie der heilige antonius beim suchen verlegter dinge. die männerherzen flogen ihr zu, doch die eltern fühlten sich zum besten für ihr dirnderl verpflichtet. mögliche heiratskandidaten wurden nach fehlern abgetastet, von den großvateraugen röntgenisiert und von der oma perlustriert, verhört und allesamt abgewiesen. jeden qualifizierten die großeltern überzeugend ab, denn keiner glich william lathamcorn, bill hatte einfach zu hohe maßstäbe im großelterlichen denken gesetzt, die seit seinem tod, unerreichbar für jeden einheimischen hiasl, im heldengrab neben ihm ruhten.

weshalb die mutter in torschlusspanik beschloss, ihr unglück selbst zu regulieren, dabei jedoch das schild übersah, das eindringlich vor einem einarmigen warnte. das inserat „seriöser gemeindebeamter, 32, matura, verantwortungsbewußt, einfühlsam, nicht unvermögend und trotzdem einsam, sucht frau für harmonische zukunft", übertraf zwar alle ihre erwartungen, der erste eindruck allerdings, den der seriöse inserent hinterließ, verhieß wie seine geschichte fatales. nicht nur, dass er, wie ihn die mutter beschrieb, unsympathisch wirkte, verschlagen und bösartig, stand er mittellos und völlig allein im leben, eltern, geschwister, verwandte und bekannte, ja sogar sein bester freund, der dorfwirt tot, der heimatort von den bolschewiken verwüstet – „sie wissen ja, gnädiges fräulein, der krieg und so", mangelte es ihm auch am linken arm. statt luft im linken ärmel trug mein zukünftiger vater zu besonderen anlässen eine holzprothese mit schwarzem handschuh. von seinen innereiverlusten erfuhr die mutter vorerst nichts, da der einsame gemeindebeamte lallend vom sessel fiel. die mutter zog den bewusstlosen im leiterwagen, dem damaligen transportmittel für alkoholleichen ins junggesellenheim, und schon beim abschied, von krankenschwesternsyndrom, harmoniesucht und der sucht, gebraucht zu werden, befallen, wusste sie, den und keinen anderen würde sie zum traualtar karren, einmal nur wollte sie selbst entscheiden, dem väterlichen allmachtsblick trotzen.

schon das erste aufeinandertreffen des grünveltlinerischen mit seiner zukünftigen schwiegerfamilie spiegelte die gegensätze dramatisch wider, die die gemeinsame zeit meiner eltern bestimmen sollten. blankes entsetzen stand nicht nur dem großvater ins gesicht gemeißelt, vom offensichtlich verwirrten gast aus der fassung gebracht, genehmigte sich die oma vorerst schlückchen um schlückchen vom kochrum, ehe sie den rest der flasche in einem zug leerte, als der bsuff-koartsch schnapsenthemmt den oberkörper entblößte, sich der feiertagsprothese entledigte und damit auf die bolschewiken eindrosch, die seinen geist nach alkoholgenuß stets heimsuchten. der familienrat sprach sich nach dem eklat einstimmig gegen die geplante liaison aus, und selbst die mutter war danach vom scheitern ihrer künftigen beziehung überzeugt, doch der hochzeitstermin bereits am kirchentor angeschlagen.

um ihr moralisch beistand zu leisten, begleitete die familie ihr dirnderl im april 1951 zur trauertragödie vor den traualtar, wo sich die mutter mit der gesamten totgesagten familie des bräutigams sowie dorfwirt, dorftrottel, freiwilliger ortsfeuerwehr, saufkumpanenschar und blasmusikkapelle konfrontiert sah. der zusammenstoß geriet derart überwältigend, dass der großvater sein hochzeitsgeschenk für den schwiegersohn, die „einarm-fibel: ein lehr-, lese- und bilderbuch für einarmer", das standardwerk der heidelberger einarmschule, vor schreck fallen ließ, während die mutter, fassungslos, den koartschi umringt von eltern, schwester, tante und johlender säufertruppe zu erblicken, die sprache erst nach ihrem tränenerstickten gelübde wiederfand. doch niemals, schwor der bsuff in der hochzeitsnacht, habe er familie und freunde verleugnet, das müsse die mutter geträumt haben; schnallte die prothese ab und schleuderte sie samt der einarm-fibel zum fenster hinaus.

mit meinen zukünftigen eltern hielt eine strenge alkoholbrise einzug in der gemeindewohnung in hütteldorf, die der koartschi im verlauf der 1.-mai-saufereien ergaunert hatte. die mutter kaufte die einrichtung auf kredit, der grünveltlinerische verjubelte seine mitgift im wirtshaus. euphorisch entfernte die mutter den dreck der vormieter, wollte ihrem gatten eine perfekte frau und hausfrau sein, für ihn kochen, ihn verhätscheln und umsorgen, an seinem leben und leiden teilhaben. was der koartschi nicht duldete, als alkoholiker nicht dulden konnte. monatelang frühstückte er eiskaltes bier, begann seine dienstlichkeiten an und beendete sie unter der theke, anfangs bei zirkusvorstellungen, bällen und sonstigen veranstaltungen der gemeinde, bei denen er die vergnügungssteuer einheben sollte. nach einem halben jahr kollabierten kreislauf, magen und lunge erstmals. der rettungsarzt verfluchte den einsatz und die mutter quittierte den befund, der magentorso, halbe lunge und die nicht entfernbaren splitter im oberkörper enthüllte, erneut sprachlos.

während der koartschi von gulyas, schweinsbraten und bauernschmaus halluzinierte, von bier, wein und schnaps, von rum mit kaffee und filterlosen zigaretten, saß die mutter morgens mit kamillentee und zwieback an seinem bett, sonntags servierte sie, volumsmäßig auf den dezimierten magen abgestimmt, butterweich gedünstete schnitzelchen mit ungewürzten beilagen und versuchte dem bsuff das leben mit gutgemeinten ratschlägen aus der heimlich aus dem müll gefischten einarm-fibel zu erleichtern. trotzdem verlief die notaufnahme des koartschi im krankenhaus bald ebenso routinemäßig wie der wettstreit der rettungsdienste jeweils zuvor, den besinnungslosen in neuer rekordzeit auf die intensivstation zu blaulichten, denn nicht ums verrecken wollte er schonkost essen oder am kamillentee nippen, da sein magen, wie er beteuerte, ausschließlich deftigen wirtshausbraten mit hochprozentigem beiwerk vertrug. zur demonstration seiner wichtigkeit setzte der koartschi außerdem dienstbesprechungen zukünftig auch sonntags an. pünktlich zur frühschoppenzeit verabschiedete er sich galant und wollte längstens mittags zurück sein. zuversichtlich kochte und dünstete die mutter sodbrennfrei, hielt geduldig schnitzel, reis und gemüse warm, stunden später, wenn der grünveltlinerische nicht mehr stehen konnte, rief der wirt an und verlangte, die mutter möge den besoffenen schnellstens auslösen und abtransportieren.

nachdem sich dutzende schnitzel im dampfbad aufgelöst hatten, flüchtete die mutter eines sonntags zu ihren eltern. ausgerechnet an diesem tag aber blieb die stammkneipe des grünveltlinerischen geschlossen, sodass der koartschi pünktlich zum schnitzel erschien. mit schweigender verachtung strafte mein zukünftiger vater tagelang seine frau und informierte tante marie, die schwester seiner mutter, die wiederum den hutzeldrachen, meine zukünftige waldviertler großmutter, alarmierte. damit sie jederzeit zur inspektion erscheinen und staubkörnchen jagen konnte, erhielt tante marie einen nachschlüssel zur wohnung, und mein zukünftiger bürgermeisteropa kündigte fürs kommende wochenende einen lokalaugenschein an. was den koartschi wenig freute, weil dadurch sein dienst entfiel, die mutter hingegen betrachtete den besuch als fügung des himmels, um ihre kochkünste unter beweis zu stellen. womit sie allerdings eine familientragödie auslöste, denn so butterweiche wienerschnitzel mit kartoffelpüree und verschiedenen salaten, waren dem bürgermeister, der sich bis zu diesem sonntag an granitharten schweinsflaxen die zähne ausgebissen hatte, nicht einmal in seinen kühnsten fantasien erschienen. „soll das etwa heißen", fauchte der hutzeldrachen, „dass meine schnitzel nichts taugen?", und beruhigte sich erst wieder, als der bürgermeister drohte, sie auf den hackstock zu schnallen. in zukunft nahm der opa vor dem granitschnitzelfraß die dritten zähne aus dem mund und legte sie demonstrativ neben seinen teller, um das falsche gebiss mit den flaxen nicht zu beschädigen.

je länger der koartschi die vergnügungssteuer als saufquelle anzapfte, desto geringere einnahmen verbuchte die gemeinde, doch seine kumpane zeigten verständnis für den am stammtisch großzügigen invaliden, und versetzten ihn in den innendienst. monatlich wechselte der grünveltlinerische den arbeitsplatz, bildete sich aber ein, sprosse um sprosse die karriereleiter emporzusteigen. erhielt die mutter nach endlosen recherchen oder zufällig einen hinweis auf seinen verbleib, hieß es: „ja, wissans denn net, dass der korrrtschi vuriche wochn wida vasezt wurn is? wer san denn se durtn?", worauf sich die mutter im schreck zu erkennen gab. „ah, de gattin sans! na fragns eam hoit söjba wan a wida auftaucht, gnädiche frau!" manchmal behauptete der koartschi, vor kurzem wieder befördert worden zu sein, meist stritt er jedoch alles ab, drohte der mutter mit entlassung und stürmte ins wirtshaus.

um ihre ehe zu retten, beschloss meine zukünftige mutter nach einem jahr ehe, mutter zu werden; sie liebte den grünveltlinerischen zwar nicht, und das sollte sich auch in zukunft mit kind nicht ändern, aber ein kind, hoffte sie, würde sein gemüt stabilisieren, seine trunksucht in vaterliebe wandeln. geblendet von trügerischem optimismus und von harmoniebedürfnis getrieben, übersah die mutter jedoch, dass sich der bsuff-koartsch durch nichts ändern würde, weder durch ein kind und selbst dann nicht, wenn ihm der linke arm nachgewachsen wäre.

sobald das nach empfängnis heischende mutterei das am wenigsten besoffene vaterspermium aufgespürt und nach gnadenloser treibjagd arrestiert hatte, nistete es sich sekundenbruchteile vor dem monatlichen torschluss in der gebärmutter ein. wenn meine pränatalen energien, hauptsächlich dort, wo sich mein kopf entwickelte, im mutterbauch wüteten, schreckte der werdende vater aus seinem vollrausch hoch, doch die katholisch turbogestählte mutter widerstand allen verlockungen, mich ungeschehen zu machen; ich war ihr wunschkind, ihre hoffnung auf frieden und harmonie, ich musste ausgetragen werden.

mehr als zehn jahre näherte sich die schürf-schieb-fress-furzende dreifaltigkeit aus lungenflügel, linkem arm und magendrittel bereits gemächlich ihrem bestimmungsort, doch erst als die promilleträchtigen koartschispermien im wettlauf gegen die zeit in meiner zukünftigen mutter zu randalieren begannen, kannte der arm sein genaues ziel, nämlich das sankt anna kinderspital in wien. nun verblieben dem arm knapp neun monate um sich mit mir zu verbinden. tief unter brünn ereignete sich ein zwischenfall, der den erfolg des unternehmens gefährdete, da der lungenflügel infolge der hektik die orientierung verlor und am gelände des ehemaligen anwesens meines großvaters durch den stamm eines riesigen nussbaumes ins freie stieß. an diesen gelehnt stand agnes, die enkelin von tante agnes, der schwester des großvaters, und flirtete mit einem bolschewiken. gerade als die beiden den ersten kuss tauschen wollten, durchstieß der lungenflügel den baum und zerstörte die idylle, worauf der russe die restlunge totschoss. wegen dieses missgeschicks wollte der arm etwas spitzes zum bohren und der magen einen kompass besorgen. dem arm gelang die beschaffung, den überfressenen magen aber walzte beim überqueren einer starkbefahrenen straße ein kettenpanzer platt, worauf der arm trabantenlos weiterschuften musste, um sein ziel rechtzeitig zu erreichen. obwohl pünktlichkeit für einen alkoholiker praktisch unmöglich ist und der koartschi später überhaupt nicht oder wenn doch, mit beträchtlicher verspätung zu einem treffen erschien, wenigstens sein verschollener linker arm durchbrach diese gesetzmäßigkeit und dockte rechtzeitig an mir an, damit der vater später auf seinen wirthaustouren den saufkumpanen und dem dorftrottel beweisen konnte, dass ihm ganzer nachwuchs gelungen war.

als die wehen einsetzten, rutschte ich zitternd hin und her, versuchte mich in querlage zu positionieren und mich mit der nabelschnur zu strangulieren, doch eine kalte hebammenhand zerrte mich spielerisch ins leben; selbst dass ich mich totstellte, half nicht. zwei schläge auf meinen samthintern beförderten mich ins diesseits. nachdem die kinderschwester mein gesicht bestaunt hatte, dankte sie überschwänglich dem schicksal für die berufswahl, als sie mich erstversorgt hatte, beantragte sie ihre sofortige versetzung in die prosektur, da sie zwischen meinen beinen anstatt eines pimmelchens eine wodkaflasche erblickt zu haben schwor. ich traf die schwester ein vierteljahrhundert später wieder, als sie die reste des grünveltlinerischen, die der alkohol dem leichenpräparator für sein meisterstück vermacht hatte, zum schutz vor weiterem verfall in eine kadaverfrischhaltebox schob.

der großvater kam als erster, um seine aufwartung zu machen, auf meinen erzeuger musste ich länger warten, denn von der nachricht überwältigt, sich vollständig reproduziert zu haben, hatte der bsuff die orientierung verloren und war mehrere tage in kindbettglut gelegen, ehe er weintriefend im sankt anna kinderspital erschien, um mit rosa babywäsche bewaffnet die geburt einer tochter zu beschwören. ab sofort, winselte er, weil er dringend geld benötigte, um den ärgsten brand zu löschen, werde sich alles zum guten wenden, kein tropfen, kein sonntagsdienst, keine sauftouren und nachtschichten mehr, für zwanzig schillinge war er sogar bereit, tante marie den wohnungsschlüssel abzunehmen, notfalls mit gewalt. selig drückte die mutter mich und die falsche wäsche an sich, während der opa ungläubig das haupt schüttelte.

durch die fehlende linke meines vaters würden wir zwar nie eine komplette familie sein, ein teil immer fehlen, doch mit meinen gliedmaßen verstärkt, wuchs die bisherige dreiviertel- wenigstens zur fünfsechstelhändigen familie heran. die besäufnisse und nachtdienste, die sonntägigen frühschoppen und rettungseinsätze blieben aber erhalten, wie tante marie, die auch in der neuen kalvarienbergstation, weit hinter der philadelphiabrücke gelegen, hausstaubmilben jagte. nach acht wochen musste die mutter wieder zur arbeit, der kinderwagen passte jedoch nicht in die offenen straßenbahnwaggons, sodass sie schieben musste; alleine, denn einarmig schlingerstolperte der koartschi mit dem kinderwagen von trottoir zu trottoir oder trieb ihn in schlangenlinien auf der fahrbahn vor sich her. morgens um sechs karrte mich die mutter richtung philadelphiabrücke, sauste bergab durch die meidlinger hauptstraße, lief durch die ullmannstraße zum gürtel und dann bergauf in den seidengrund, wo ihr, wie gering oder stark das verkehrsaufkommen war, der kugelrunde wachmann stets vorrang gewährte, damit mich der großvater so rasch als möglich übernehmen konnte. nach büroschluss hetzte die mutter zurück zu den eltern und von dort zwei stunden mit mir nach hause. beklagte sie die schinderei, meinte der jäger des grünen veltliners, sie solle den kinderwagen doch hinten an die straßenbahn hängen, die ohnehin nur schrittempo fuhr.

die mehrfachbelastung durch sohn und mitfühlende ehefrau, invalidität und sauferei, notaufnahmen und intensivstationen, büro- und sonstige saufkumpane, ließ den koartschi immer unberechenbarer und streitsüchtiger werden, sodass die mutter nach einem dreiviertel jahr von scheidung sprach, in die der koartschi sofort einwilligte, umso mehr als die mutter das sorgerecht für mich beanspruchen wollte. natürlich könne sie mich behalten, fügte er gönnerhaft hinzu: „soll ich ihn denn im rucksack mit ins büro nehmen und auf den schreibtisch stellen?" spätestens im taumel der nächsten versetzung wäre ich dem vater verloren gegangen – aber welcher richter hätte dem armen invaliden nicht zumindest mildernde umstände wegen solcher kindsweglegung zugestanden!

die ehe wurde aus beiderseitigem verschulden geschieden, da die mutter gestand, den bsuff ein einziges mal vernachlässigt zu haben, während der koartschi seine fehlende liebe zu frau und kind mit der fehlenden linken entschuldigte, wozu er mit der feiertagsprothese rechtfertigung fuchtelte. alimente für mich, und zwar so oft als möglich, wollte der vater selbstverständlich zahlen. zum beweis streckte er den freigelegten stumpen in die höhe, was dem richter, dem der alkohol ebenfalls aus den augen troff, redlich genug schien, weshalb im scheidungsurteil jeglicher passus über alimente fehlte. manchmal nahm der vater seine – moralische – verpflichtung sogar wahr und brachte, abhängig von der bewachung der lebensmittelgeschäfte, als ersatz für bares ein stückchen käse, ein sechzehntel butter oder einen wurstzipfel mit, ansonsten beschränkte sich sein interesse an mir auf sparbücher und goldmünzen, nach denen er einarmig in meinem bettchen stierlte. dem recht, mir die welt seiner wirtshaustische zu zeigen, hatte die mutter nur unter der auflage zugestimmt, dass dabei eine begleitperson für mich und eine aufsichtsperson für den koartschi anwesend zu sein hatte, da sie schon bei der vorstellung todesängste litt, der bsuff könnte – anstatt wie gewohnt anschreiben lassen – mich als pfand für seine zeche einsetzen oder ich könnte dem einarmigen beim bierkrügelstemmen vom stumpen rutschen.

nach der scheidung unterwarf sich die mutter wiederum dem großväterlichen blick und seinem diktat, meine anwesenheit allerdings bewirkte, dass der opa ab diesem zeitpunkt toleranter agierte und seine regentschaft an mich abtrat.

Phönixia aus der Asche

Inanna

S'Lieblingsluder besucht mich unerwartet in drei Stunden. Erfreut, aufgeregt, nervös, hektisch ich. Wohnung anregend für die spontanen Erotik-Quickies gestalten, Musik vorbereiten, einkaufen, kochen, Körperpflege, sexy Outfit aussuchen, heiße Unterwäsche, mich freispielen von der täglichen Abendrunde zur Kellerwiese mit'm Lieblings-Sweetie Nichte, bald vier Jahre jung.

Ungewohnt, nüchtern zu sein, wenn ich einen Mann treffe, der mich sexuell interessiert. Scharf bin ich auf ihn seit fünfzehn Monaten, Ausnahme-Pantscherl in vielerlei Hinsicht. Er, 41 Jahre und damit acht Jahre jünger als ich, drogenkompetent, Psychiatrie- und Therapie-erfahren, DJ und Musiker, Vater dreier Kinder von zwei Müttern, sehr flirty mit vielen attraktiven Frauen und sowas von nähe-ängstlich und frisch vasektomiert. Was mich so anturnt? Seine Unberechenbarkeit, Unnahbarkeit, Unverbindlichkeit, playing hard to get, seine Eier, in der Durchsetzung seiner Interessen, sein Vorwärtsbiss, und vor allem sein frecher Charme. Wie der mich bei Laune und auf Abstand hält und mich damit ganz kirre macht! Was ich da zsam:onaniere! Er immer Pole Position in meinen Lustfantasien, sehnsuchtsvoll ich bis zum nächsten unvorhersehbaren Treffen. Ich frage gar nicht mehr, wann er kommt, sinnlos. Da lasse ich's lieber auf mich zukommen, wenn er sagt, dass er Zeit hat.

Diesmal nur CBD. Ich kein Drumherum zuhause. Kohlefilter, Papers, Tabak noch schnell von der Tankstelle besorgen. Die angekündigte Zeit seiner Erscheinung stimmt wahrscheinlich wie jedes Mal aufs Neue n i c h t. Auf seine Unverlässlichkeit habe ich mich schon eingestellt, das kostet mich nur mehr einen Schmunzler. Ich, die Verlässliche, Pflichtbewusste als Kontrapunkt. Auch zu meinem kürzlich verstorbenen TyrannenStrizziVater. Hab mich nicht anstecken lassen von Vaters Destruktivität, oder doch, mit meiner Sucht?! Komplex.

Cannabis, meine Geliebte, seit 26 Jahren Kiffjunkie. Selbstmedikation. Ganzkörper-Knistern, Verheißung auf ein kurzes beruhigtes Glück. Alles dann gut. Und auch selbstmitleidig, passiv, opferlich, zurückgezogen, mir genügsam, verschuldet, Schämerei ob der Abhängigkeit. All in.

Fremdbestimmt mit'm Süchtln aufgehört, von einem auf den nächsten Tag alles bleiben lassen.

Zuspitzung hilft!

Lange schon be:alzheimerter, ehemalig geschäftlich sehr erfolgreicher und in der Öffentlichkeit stehender Vater verstarb e n d l i c h. VaterTochter ich, zur Ehefrau erkoren, nachdem abhängige HausfrauenMutter kaputtgehaut depressiv laufend betrogen. Stockholmsyndromliche Familie. Zwei jüngere Schwestern. Konkurrenz, Neid, weil ich Vaters Lieblingstochter war. Ich versuchte ihn mittels billiger sexueller Reize abzulenken von der Schlagerei meiner Schwestern und Mutter. Oft erfolgreich. Finanziell hat er mich immer rausgerissen, solange er noch „gesund" war. Borderliner mit Selbstmedikation Bier, Bulimiker, Nägelbeißer, rastlos, Leistungssportler, Dr. Jekyll und Mr. Hyde, n' charismatischer Filou, SpitzenKommunikatorVerführer. Ich, das schwarze Familienschaf, hab's ihm ab meiner Pubertät reingesagt. Idealisierung entzaubert. Er hat mir Ausbildungen, Wohnungen, Autos zur Verfügung gestellt, Konto abgedeckt, mich in seiner Kanzlei angestellt, wenn ich grad nicht versichert war. Mein verdientes Geld gab ich ohne Genierer fürs DrogenPartyMännerReisen-Plaisir aus. Auf Vaters KohleZuwendungen konnte ich mich immer verlassen, bis zu seinem frühen Abdriften in die Alzheimerei. Erst jetzt weiß ich sein Backup zu schätzen, weil ich es vermisse und es mich zur Erwachsenwerdung zwingt.

Vaters zweite Ehefrau hat sich eine Generalvollmacht erschlichen, um so an seine lukrative Firma, Vermögen, Stiftungen, Grundstücke, Häuser, Wohnungen, Fuhrpark zu kommen. Er ein Neureicher, hochgearbeitet, vom Bäcker zum Steuerberater und Wirtschaftsprüfer, zum Stadtpolitiker und *Profil-* und *Kurier*-Steuerkolumnisten, dessen austrofaschistischer alkoholischer SchlägerVater früh verstarb. Und seine Mutter eine ebenso kalte harte distanzierte später dann ebenso alzheimernde Salzburgerin. Meine schöne, gütige, edle, treue, manchesterische, sexuell vom Nachbarn missbrauchte Mutter mit ebenso früh totem VaterFrauenBetrüger. Als dienend abhängige Hausfrau war sie ihm gut genug, seine drei Töchter aufzurüscheln, zu Benimm hinzudrillen, fassade:orientiert, gefällig. Vater wünschte sich Söhne. Die bekam er dann von der Stiefmutter, einer auch sehr attraktiven Frau und Manipulationstalent. Wobei der erste Sohn dürfte ein Kuckuckskind sein, das wird derzeit noch geklärt. Mein Vater konnte die Geliebte nicht mehr nach dem zweiten Sohn verheimlichen und heiratete sie.

Die Gunst der Stunde nützte die miese Schöne: Das Trommelfell hat er ihr eingeschlagen und ihr hat's gereicht. Ihr?! Die selbst laufend meine zwei Halbbrüder und meine schwer behinderte epileptische Stiefschwester schlägt. FaustVorwärtsStöße ins Gesicht mit teurem Schmuck, natürlich von ihm bezahlt, damit sie ihn nicht verlässt. Allein sein, undenkbar für ihn. S' fucking Jugendamt reagierte enttäuschend auf meine mehrmaligen Gefährdungsmeldungen. GeldFassade blendet gut.

Durch sein Ableben, das ich bis zum Schluss intensiv begleitete – mein erster Toter! –, ist ein absehbarer Erbstreit entbrannt. Die Rechtsanwälte von mir und meinen Schwestern plädieren auf „groben Undank" und „erbunwürdig".

Berechnende Stiefmutter, bestens integriert in die Wiener High Society, hatte über die Jahre mehrere Liebhaber in Vaters Haus ein- und ausgehen lassen und in einem lichten Moment der anfangs AlzheimerUmnachtung bekam er das mit. Er stolzer Patriarch ließ das nicht auf sich sitzen und haute ihr eine runter. Rettung, Otto-Wagner-Spital, Psychiatrie, neun Tage stationär. Vater wie ein Animal auf Dächer geklettert, nicht zu bändigen, dann eingefangen, nieder medikamentiert, eingekotet, eingenässt, ans Gitterbett geschnallt, HirnBrei. Ab da komplett betreuungs- und pflegebedürftig. Ihr Triumph, endlich kann sie ran an seins. Wir Kinder der ersten Familie jetzt mittendrin. Und GottVater bekam zum ersten Mal eine Grenze für seine Gewalt. Meine Onkelbettelgesuche ihn zu stoppen, verhallten, weil auch gewalttätiger NaziOnkel vom Vater ruhig:blind gestellt durchs Geld.

Ich wohne in Vaters Eigentumswohnung seit 2007 ohne Miete. Hätte ich geheiratet und „stabile Verhältnisse", hätte ich von ihm die Wohnung überschrieben bekommen. Da ich aber vermutlich stabilere Verhältnisse o h n e Ehe habe, ist nichts geregelt.

Existenzangst 1: Wohnungsverlust, keine Ressourcen und Kraft, mir eine Wohnung zu suchen, WG-untauglich und ich liebe es, allein zu leben! Materiell KomfortQualitätLuxus-verwöhnt sowieso. Meine Partner und Liebhaber immer mittellos als dummen selbstschädigenden VaterProtest.

Existenzangst 2: Seit sechzehn Jahren arbeite ich als Angestellte sehr gut und zufrieden in einem Verein der Offenen und Aufsuchenden Jugendarbeit. Während Vaters Sterbebegleitung war das Jugendzentrum sieben Wochen lang unterbesetzt, weil Leitungswechsel mit Corona, kleines Team und bis auf eine alle krank oder monatelang knieverletzt. Niemand zuständig in dem Vakuum. Ich ganz Leistungssau mit einer neuen Mitarbeiterin kompetent und verlässlich den Laden tollst geschupft, schulterklopf. Arbeiten kann ich, auch unter widrigsten Umständen, als ehemalige Leistungssportlerin und gehaute Tochter in Dauerangst, geht gut überwinden:schinden, funktionieren, kaschieren. Solange ich damals mein tägliches Leckerli Gras oder Dope und ein bis zwei dunkle Biere hatte und mich wer gut vögelte, kein Problem.

    Endlich neue Leitung und zwei Kolleg:innen anwesend, Vater tot, WeihnachtsTeamEssen mit Aussicht auf drei Wochen Winterurlaub. Alle erzählen so, auf was sie sich jetzt freuen. Eine antwortet aufgeregt: „Aufs Weihnachtsbaum schmücken". Ich aggressiv ob der spießig:faden Banalität und Sehnsucht nach auch so unbekümmerten Schahs. Nun an der Reihe: „Eventuell Wohnungssuche, Auszug durch fucking Bitch, Tussi, Erbin Stiefmutter; Mutter hat im Herbst, nach einem Zusammenbruch und längerem Spitalsaufenthalt, Demenz mittleren Grades unvermutet diagnostiziert bekommen und jetzt geht die Kümmerei wieder von vorne los. Unentdeckt von uns Schwestern, weil Coronamaßnahmen-Abstand. UND laufend Schwester-Schwager-Gewalt, wo meine geliebte Nichte anwesend ist. Mittlerweile endlich Polizei-Jugendamt-dieMöwe-bekannt. Ich will nur Ruhe. Ab und zu kiff ich am Abend und trink ein dunkles Bier zur Entspannung."

Drei Wochen Urlaub, dann überraschend her zitiert zum Personalchef zum Dienstbeginn: „Die woiln nimma, dass du zrück kommst ins Jugendzentrum. Bist du arbeitsfähig? Ich bin offen für alles." „Willst du mich gleich loswerden und mich kündigen, teure Seniorität in der Jugendarbeit?" „Nein!" „O.k., ich habe ein Kiffproblem und mache einen Entzug. Überlastet von der wochenlangen, ungedankten Unterbesetzung, professionell Stellung halten, trotz meiner privaten Misere. Ich bin sehr krisenkompetent und in dem Stress habe ich mich noch dazu beworben für den ausgeschrieben Gewaltpräventionsjob im Verein. Alles ein bissl viel, ich kann was!" „Ja, das weiß ich und ich schätze dich sehr, nimm die Zeit, die du brauchst und dann schauen wir weiter."

Anton Proksch Institut/Tagesklinik, drei Monate ambulant diesmal.

Zu meinem Vierziger zwei Monate stationär. Impulskontrollstörung. Die posttraumatische Belastungsstörung und generalisierte Angststörung waren mir schon diagnöslich vertraut durch meine siebzehn Jahre Einzeltherapie und sechs Jahre Gruppentherapie. Angeregt durch das frühe und vom Vater finanzierte psychotherapeutische Propädeutikum. Trotz Therapien und UniBildung kiffte ich weiter.

Jetzt, wenn eh alles so ungewiss ist, dann gleich gscheit und anders als bisher. Temperamentregulation nüchtern erlernen.

„Mein" Liebhaber spezial ist auch ein Entsüchtungs-Lernfeld. Ihm ohne RauschGier begegnen, die Ruhe und Muße haben, ihn peu à peu kennenzulernen.

Langsamkeit, was für ein biografischer Luxus!

Neue Freuden: Wiederbelebung alter fruchtbarer Freund:innenschaften, Nordic Walking im Wienerwald, essen und zunehmen, klassische Musik, Ö1, Nichte Lili herzen und mir von ihr viel abschauen: Trotz bossy getriebener, hyperaktiver Dauerbespaßung durch meine destruktiv aggressive Schwester kann meine mich zum Leben erweckerinliche Nichte b e i d e r S a c h e b l e i b e n, um keinen Schmäh verlegen, das letzte Wort innehabend. Sie weiß jetzt schon, dass ihr Körper ihr gehört und wie alles heißt. Sie drückt mich weg, wenn sie nicht berührt werden möchte! W O W! Das alles musste und will ich erst lernen. Mein geschlagener und sexuell oftmals missbrauchter Körper gehörte vielen Männern. Mir dafür Neurodermitis, Depressionen, Sucht, Anorexie, Schuld und Scham, Abkehr von der Welt, Erlösungsfantasien.

Seit Kurzem erst nüchtern, das heißt kein Alkohol und kein Kiff, dafür gute Aggressionen, Klarheit, mehr Langsamkeit schon, wunderschöne Gespräche mit mir Wohlgewogenen, Liebhaber sein lassen, wie er ist, ihn mit seinem Eigensinn akzeptieren, Selbstliebe schüchtern, allein ausgehen, viel Theater- und Konzertbesuche, neugierig aufs Neue, Kraft, Ausdauer, Respekt vor meinen Leistungen, Anfreundung mit „weniger ist mehr".

Was mich die Familienhypothek Alzheimer lehrt, ist dass es schnell vorbei sein kann mit dem Verstand und selbstbestimmten Lebensgenuss. Wann, wenn nicht jetzt, anfangen gern:gut zu leben! Nüchtern sein. Keinen GrasDopeAufstellHirnfuck mehr, Geld sparen für Reisen post-Corona.

Wenn uns/mir nicht ein Weltkrieg grade alles versaut. Putins Krieg gegen die Ukraine zeigt mir auch, wie schnell alles vorbei sein kann.

Moment für Moment das Jetztliche aushalten und genießen lernen. Zuhören, aufmerksam sein, mich ernst nehmen und würdigen, mich um Langsamkeit bemühen, ausÄngsten und schreiben.

Ah, es läutet, sexy Lover ist da, jöh, schnurr, rrrr, feucht, aufgeregt, in positivem Aufruhr, dankbar, geil!

A gfäuda Dog

Martin Weiss

I wead munta, moch de Augn auf und waas scho, dass des heit a gfäuda Dog wiad, des kaunst ma ruhig glaubn, i gspia des scho in dem Moment, wo i de Augn aufmoch, dass des a bschissener gfäuda Dog wiad, woi scho grantig und zuan bin, bevua i übahaupt scho augstaundn bi, owa, wos sois, muas aufsteh, meine Katzerl woatn scho auf mi, oisdan mei däglichs Morgenritual.

Zeast amoi glei nua mit da Untahosn wia imma de Wohnungsdia aufmocha, wäu do hob i scho mei Zeidung auf da Fuaßmattn. Justament in dem Moment maschiat mei Nochbarin, de oide Hex, vuabei, und wia gsogt, i nua in da Untagattinger, do woa ma gloa, das jetza Bresln kuman.

„Herr Nochboa, hocknstad, eh ka Göd, oba a Zeidung abonnian, wos de *Österreich* überoi gratis kriang."

„So du Zwiedawuazn, wöche Zeidung i les, kaun dia am Oasch vurbei geh, i hob de Zeidung wegan guadn Schualanismus, oba du waast jo goa ned, wos des übahaubt is, die *Österreich*, des Schundbladl, kaunst da in die Hoah schmian und jetzt los ma maei Ruah." Ganau de oide Hex hod ma grod nu gföhd.

Weida mid mein Morgenritual, geh aufs Heisl, daun moch i glei de Kotznkisterln, wäu auf saubere Kisterln sans haglich, meine Mietzna. Daun ins Bod, woschn, Zent putzn und aufs Rasian pfeiff i heit, is eh modern momentan, waunst unrasiert bist. No jo, daun in de Kuchl, setz ma mein Kaffee auf und während dea obarinnt, dua i glei Kotznfuada herichtn und stö ma mei Liachttherapielaumpn aufn Kuchldisch. Daun drink i gmiadlich zwa Häfarl Kafee, wuzl ma de eastn Tschick und les mei Zeidung dabei. Oba des woas daun scho, und jetzt schlogt da gfäude Dog voi duach: De Kotzn büsln scho wieda, i schau bled in de Laumpn, daun auf de Deckn und wieda in de Laumpn und mia wiad stinkfad.

Oba do gibt's jo so unguade, hundsgemeine Therapeutn, de sogn, das ma grod an so an Dog sein Hintern aus da Wohnung ausse aun de frische Luft bewegen und mindastn a Stund spazian geh soi, no dazua, waun ma so wie i kann Spuat mocht. Oba do haums eh recht, wos mi betrifft, wäu i scho a bissl fäu und bequem wuan bin seid i hocknstad bi.

Na guat, daun hoit ausse, oba wohi?

Do foit ma ei, I hob jo a liabe Freindin und an leiwaundn Hawara, de i scho laung ned bsuacht hob, de Birgit und den Schuali. Na guat, ba de zwa schau i afoch vuabei, no dazua san de zwa goa ned so weid ausananda, i waas nua das i de zwa entweder mit da Öfa- oder Anasiebzga-Bim erreich. Wo i aussteign muas, dass i za Birgit kum, waas i nimmer, oba da Schuali is ned weid weg von ihr, egal, i hau mi in die Panier und maschia za Hoitestö.

I hob jo ned weid, hob ois vua da Hausdia: drei Supamärkt, Apothekn, Trafik und sogoa drei Doktan. Is scho a leiwaunds Grätzl, wo i wohn, bin jetzt no froh, dass i do einekuma bin in a neiche Genossenschoftswohnung ohne Göd. Des diafad i dir jetzt jo goa ned dazöhn, dass ma do scho Freind, de i über de Partei kennenglernt hob, a bissl audruckt haum, Vitamin B sozusogn. Des woa vua 22 Joa, heit gangat des nimma mehr, do host an Skandal wegn Freindalwirdschoft.

Wia i da gsogt hob, i bin ana von denan, de jo scho am längstn do auf da Stiagn wohnen und kenn an jeden, de Nochbarin, de hamtige Funs, oda den Fetznschädl im Erdgeschos, dem is den gaunzn Dog so fad, das a nua ausm Fensta schaut, olle Leid beobochtet und nua bled ausrichtn duat.

Egal, i sitz in da Bim und waas oba no imma ned genau, wo i aussteign muas, dass i zua Birgit kum. Oba daun de Durchsog: „Zentralfriedhof, zweites Tor", do hots mi grissn, genau do muas i aussteign, wäu zum Schurli kum i beim dritten Tor. Jetzt kau i mi wieda an ois erinnern. Zweites Tor, i maschia schnurstraks zua Aufbarungshalle, wo i zum letzten Moi bei da Birgit woa, sie hoit in ana Hoizkistn, na, des woa scho a scheina Soag. Fia mi is hoit a jeda Soag a Hoizkistn, wäu wos anan Soag sche sei soi, des waas i ned, wäu jo do nur Leichn drinnan san. Jedenfois hob i ihr hoit domois a boa Bleamal higlegt, daun is so a professionelle Trauerrednerin kuma, hod ian einstudiertn Senf dazuagebn und zum Schlus san de zwa Liada gspüt wuan, de se die Birgit gwunschen hod, wauns in da Kistn is (sie hot jo scho länger gwusst, das sie boid den Hoizpyjama auziagn muas): „Hallelujah" vom Leonard Cohen und – no na ned – „I Did It My Way" vom Harald Juhnke.

De Birgit woa in meina Gruppn, a klans Idol für mi, wäu sie woa scho fünf Joah trockn, sie hot oft stundenlaung gred und telefoniert mit mia, wäu i hoit imma wieda trunkn hob, und noch jedem Obstuaz hots gred mit mia und mi wieda aufbaut. Irgendwaun is nimma kuma und woa a telefonisch ned erreichboa, bis mi amoi a Bekaunta von ia augruafn hod und ma hoit gsogt hod, dass da Birgit voi bschissn geht, sie hot an Umfolla baut, oba glei voi in Schnops eine und hod se nimma meah höffn lossn. Daun hoit da Klassika: Birgit hot de Kuavn nimma krotzt, Diagnose Pankreaskarzinom – so haast des glaub i, wost vielleicht no a hoibs Joah leben kaunst, waunst a Masl host. Bei da Birgit woans drei Monat. I schätz amoi, na jo, sie wiad so 55 Joah oid wuan sei.

Jedenfois hot se da Trauazug daun in Bewegung gsetzt, vuan Famülie, daun engste Verwaunte und hinten noch unsa Gruppn Alkoholika, domois olle trockn aussa mia, wäu i hob ma scho vuaher so fünf, hägstns sex Hüsna einezogn, wäu sunst hät i des net dablosn hinterm Soag von da Birgit zu maschian.

Jetzt steh i do, Aufbarungshalle, zweites Tor, und kaun mi no erinnnern, das ma doimois glei rechts so auf an Wegal maschiat san, jedenfois urlaung, ich schätz, no jo, des wiad scho a Kilometa gwesen sei. (Gaunz ehrlich unter uns gsogt, waun i ned so eigspritzt gwesen warad, kennt i mi sicher nu aufn Weg und de Parzön erinnern, oba des bleibt unta uns, gö?)

I stö ma den Schrittezöhla am Handy auf 1.000 ei und maschia den Weg do rechts entlaung bis i de 1.000 Schritte erreicht hob. Soda, des soit jetzt ziaka da Kilometa sei, wo do irgendwo de Birgit liegt, oba gaunz schlechte Erkenntnis: Do woa i no nie.

Jetzt brauch i an Tschik, rauch so vua mia her und gspia, dass i scho wieda grantig werd, vua ollem auf mei Therapeutin. Wäu an an gfäudn Dog lieg i normal in da Hapfn und denk ma, losts mi heit oille in ruah, oba na, i muas jo an so an Dog ausse geh, und jetzt maschia i Trottl kreiz und quer duachn Zentralfriedhof und waas nimma mea, wo i bin, bin daun links zwischen an Haufn Grobstana eine maschiat, trotzdem ka Birgit gfundn. „Liabe Birgit, sei ma ned bes, woit echt za dia, oba i find die afoch nimmer mea, aba soist wissn, das i di ned vergessn hob." Scheisse, i red mid ana Leich, ana Dodn, de jo gor ned do is, wo i bi.

Des nexte Problem: Wia kum i jetzt zam Schurli, was nua in wöcha Richtung i zum dritten Tor kum. A Grobsta noch aundan, wo i mi do duachkämpf und muas plötzlich dringends schiffen. I waas eh, das des pitätlos woa, das i mi vadeckt zwischen zwa Grobstana erleichtad hob.

Nua kuaz zum Schurli, des muas i da scho no erzöhn, wäu des woa a wüde Gschicht, wia mia zwa uns kennangleant haum, in ana Hittn glei in da Nähe von da 11er Stiagn. I hob hoit wieda amoi auf de Gache a Reparaturbier braucht und de Hittn hot scho um ochte in da Fruah aufgsperrt ghobt, jetzt hots scho wer aunderer übernuma, oba i glaub de Hittn haßt jetzd aundas, wäu i woa do jo scho länger nimma drin. I bin jetzt ehrlich za dia, i hob Lokalverbot do drinnan, so wia in de meistn Hittna und Cafés in meina Umgebung, sogoa ba ana Wiaschtlbude, des muast amoi zaumbringan.

De Hittn hot se Café-Restaurant gnennt, abo in da Fruah woas a klassischer Brauntweina mit hecherem Nivo häut, oba mit da gleichen Funktion, wo sie de Drangla eanan Schewara wegtrunkn haum. So bin i domois vua ca. 15 Joah einegrocht um a Bia. Jedenfois hob i daun gschaut, ob i mi do irgendwo dazuasetzn kaun. A Platzl woa no frei bei an Typn mit an doppetn Wodka, a Seidl und studiert de *Krone*. Hob eam gfrogt, ob i mi dazuasetzn kaun, ka Problem, hot a gmand und so san ma a bissl zum Quatschn kuma und haum festgstöht, das ma jo Nochban san, i im drittn und ea im eastn Stog. So haum wir uns daun reglmäßig in da Frua in besogta Hittn troffn, i mit mein Bia und er mit sein Menü: a doppeta Wodka und a Seidl, noch zwa Menü is a daun schei brav ham gaunga und hot seina Oidn no bam Kochn ghäufn. Am Nochmittog is ea nimma fuatgaunga und hot heud daham seine Menüs biaschtl.

Wirklich schlimm is oba daun wuan, nochdem eam sei Oide verlossn und Dscheidung eigreicht hod. Des hod da Schurli afoch ned dablosn und hod se daun den gaunzn Dog braktisch nua mea vo seine Menüs ernährt, den gaunzn Dog nua gsoffn und fost nix mea gessn. Sei Frühstück um 8:00 in da Hittn besteht jezt aus vier bis fünf Menüs, zmittog daham den eastn Rausch ausschlofn, Mittogessn zwa Hederlflügal oda afoch nua a Backlsuppn, und spätastn um viare wieda in da Hittn. Sei köapalicha Favoi wiad imma eaga mit da Zeit, übareu Bluatergüsse und Grezna, wäus eam jo imma irgendwo auf de Gosch ghaut hod. I wead zum Staumgost bam Bständig, irgendwaun hod a Kruckn braucht zam geh, daun hoda scho Harnflosch braucht und daun irgendwaun an Rolli, do brauchst oba a ärztliches Attest dafia, hob i vom Hausorzt ghäut und währand i zam Bständig foa in da Bim hob i heud einegschaut in den Wisch: Diagnose: Werneksche Encephalopathie, hob des daham am Obnd googld, wos des eigendli haast, na griasgod, do hots mi fost aus de Beck ghaud, wäu de ded i ia jo a scho augsoff haum, wäu is sauf jo a scho über 30 Joa, minimum, eha mea, nur hot mi a Schnops nie intressiert.

Daun is los gaunga mid imma mehr nächtlichen Aunrufe: „Heast Martin, hüf ma, I lieg und kum nimma auf."

„Wo liegsdn?"

„Eh daham."

Wia haum jo unsare Reserveschlissl austauscht, oiso owe in eastn Stog, eine in sei Wohnung, da Schurli liegt vazweifed vuam Bett am Bodn, hüf eam auf und leg eam in de Hapfn. Des is owa imma eaga wuan, hob eam scho im Stiagnhaus und sogoa scho vua da Eigaungsdia zaumglaubt und ins Bett brocht, oft hoda se schau aubrunzt und augschissn bis aufs Greiz ghobt. Sei froh, dass sowos no nia miterlebt host. Hob ma imma mehr Suagn gmocht und hob amoi uma hoiba achte in da Frua bei eam vuabeigschaut, da Schurli sitzt im Wohnzimma mit an fuachtboan Schewara, seine Hent haum so ziedat, das a sei Dosn Bia nua mehr mit olle zwa Hent hoidn hot kenna, und a glans Wodkaflascherl ebnso.

„Schurli, du host klassische Alkoholentzugssymptome." Do is a daun narrisch wuan und hod mi augschrian: „I bin ka Alkoholika!!! Du bist ana, woast scho in Koigsbuag, i woa no nia in Koigsbuag, oiso bin i ka Alkoholika! Des Bia und de zwa klane Wodka brauch i jo nua via meine Neavn, hod ma a sogoa da Dokda scho gsogt. Schau hea Martin, noch dem Bia und de zwa klane Wodkaflaschal hea i auf zum zidan, siagst jetzt haum se meine Neavn beruhigt und scho hob i aufghead zum zidan."
„Najo so kau ma se a söwa bescheissn", hob i ma docht.

In de nexdn Monate hob i eam scho zwamoi de Rettung gruafa, wäu i ma nimma mea zum höfn gwust hob. Noch ana Wochn isa imma hamkuma und hoid weidagsoffn. An an ochtn Februa hod a mi scho zmittog augruafn: „Bitte Martin hüf ma, mir geht's bschissn."

„Schurli, i bin no bis um zwa in an AMS-Deppnkurs, zum zwanzigstn Moi den Lebenslauf schreim, obwoi se übahaupt nix gändat hot bei mia, oba des AMS valaungt des und daun hukst hoit alanich am Computer a boa Stund. I bin so ca. um drei ba dir."

I maschia eine, da Schurli liegt auf da Wohnzimmacoutsch, in an Zuastaund, wie i eam überhaupt no nie gsehn hob. „Bring ma gschnö zwa Bia und ruaf unsan Dokta aun." „Des hädast do söba mochn kena." „Na, moch du des." Er hod mi jo übaroi ois sei nahestehende Kontaktperson augebn, wäu er hot jo sonst niemaundn mea ghobt.

I ruaf sofuat unsan Dokta au und erklea eam den Sochverhoid. „Ich habe noch drei Patienten, dann komme ich vorbei."

Sei Ordi is jo hechstns zehn Minutn zfuas entfernd.

Jedenfois schaut se da Dokta den Schurli nua aun, zuckt sei Handy, ruaft de Rettung au mit dem Hinweis: „Notfall".

„Herr Schurli, die Rettung ist schon unterwegs und wird gleich bei Ihnen sein. Bis dahin ist Herr Weiss bei Ihnen. Ich muss jetzt wieder in meine Ordination."

Drei, hechstns via Minutn späda hob i scho de Rettunssirene ghead, hob dem Schurli gschnö des Wichtigste zaumpockt: Untahosna, Bodemauntl, Rasiera, Zauntbasta und a Zauntbiaschtl. Daun woan de Rettungssanitäta scho do und haum eam auf so a Drog hoit glegt.

„Wo bringst eam den hin?"

„Ins Wilhelminenspital."

Gib dem Schurli no de Haund und sog: „Bis boid, oide Hittn."

Um ca. drei in da Frua leit mei Handy, do bin i eh scho augfressn, waun mi wer mitn in da Nocht aufweckt.

Heb droztdem o.

„Hier ist das Wilhelminenspital, sind Sie Herr Martin Weiss, der Anhehörige von Herrn Schurli?"

„Jo des bin i, wos gibts denn?"

„Unser herzliches Beileid, Ihr Bekannter ist vor zwanzig Minuten verstorben."

Daun hob i nimma mehr gwusst, wos i denk oda fühn soi.

Geh in de Kuchl und setz ma an Kafee auf, wäu schlofn hob i nimma mea kenna. Werand i so mein Kafee dring, griag i a fuachtbore Wut. Verdaumt nochamoi, wia oft hob i eam gsogt, das eam seine bschissanen Menüs den gaunz Dog umbringa wean. 66 is a wuan, da Schurli.

Sei endgütiges Krepian aunan Alk hod ca. achtzehn Monat dauert, wäu Alk bring di ne schnö um, der losd di elendiglich verreckn und krepian, kaunst ma wiaklich glauben, des hod mid steabn nix mea ztuan.

Oisdan, weida quer zwischn fuachtboa vü Grobstana, plötzlich muas i schiffn, i waas ned, ob des piedädlos woa, wäu i mi do zwischen zwa Stana vasteckt und mi erleichdat hob, bis jetzt hot sie no ka Leich ba mia deswegn beschweat oda vafoigt mi ois Geist. Daun siech i a Riesendrum vua mia, i denk ma, dass des ka Grobstah sei kaun, schau ma daun des Riesendings do von vuan aun, des is jo wiaklich a Grobstah! I bin an Metasiebgst, muass oba mein Kopf in die Häh richtn, das i de Engaln obn a no siech. Do ruhn hoit a Regierungsrod mit seine Oide, de Frau Regierungsrod, oba riesengros in Goid in den Stah einegmeisslt. Davua a riesige Mamorblottn, de wiad oba glei entehrt von mia, wäu i do glei drübermaschia direkt zum Grobstah und grotz mid mein Wohnungsschlissl an dem Goid herum. Kennt jo a billigs Blotgoid sei, des kaunst obagrozn, owa do geht des ned, scheiss mi au, des is Voigoid. I pack des ned: Do wead i schon wieda zuanig. Wos geht in an Schädl von an Menschen vua, das a sei Protzerei wia a no glebt hod, weida zang muas, wo ea eh scho hinig is? Owa, warum soi i mi jetzt wundan oda aufregn wegn zwa arrogante Oaschlecha.

Irgendwaun bin i daun wiaklich bei da Aufbahrungshalle, drittes Tor, waas genau wia i zum Schurli kum, wäu i jo da anzige woa, der hinter seina Hoizkistn da Stod Wien maschiert is (kana von seine Menühawara, geschweige denn sei Oide san kuma). Glei amöi gaunzn links und des nächste Wegerl rechts, und scho woa i bei seim Ormutsgrob, dabei hädat ea gnua Göd für a Begräbnisvuasorge ghobt, owa da Schuali hod ma imma gsogt, das eam des überhaupt ned interessiert: „Mia is des wuascht, wäu waun i hin bin, bin i hin." Eigentlich hoda irgendwia recht ghobt. I steh vua sein Grob, obwoi Grob a bissal übertiebn is, a klans Hoizdaferl mit sein Naumen drauf vua an Erdhaufn. Der erinnat mi an an Ameisnhauffn im Woidviadl, wo i jo herkum, nua unta sein Erdhaufn gibt's kane Ameisn sondan die Leich vom Schurli.

„Servas, mei Freind, wia geht's da?" Oba mia is daun glei kloa wuan, dass des de bledaste Frog is, de ma ana Leich stön kau und no dazua red i scho wieda mit an Todn. Owa midn Schurli red i gean. „Schurli, schau, i hob da wos mitbrocht, kane Bleamal oda Kerzna, na a Menü, host dei gaunzes Leben biaschtl, soist jetzt a ned im drockanan liegn. Schau amoi hea, des is a klans Flaschal von deim Lieblingswodka, den schütt i da jetzt auf dein

Erdhauffn, und drüba a Dosn von dein Lieblingsbier." So red i heut weida mit an Dodn, stö da vua, i sog zua meina Therapäutin, das i mid Toten spreche, no wos glaubst wia gschnö i do scho wieda auf da Psych bin, daun miassant daun oba dausende psyiadriat wern, wäu i moch ma jeds Joah am Ollasöndog a Hetz: Do steh i ba da Wiaschtbude, zweites Tor, ba a boa gmiadliche Dosna Bia und schau zua, wiavü Leid do plötzlich wia de aufgscheichtn Hendln zwischn de Blumenstandln hin und her rennan und zusätzlich siagst de Modeschau des Horrors, des Grauens, daun rennans gschnö zua de Gräba da Großötan und Ötan und entschuidinga eana, wäus so laung ned do woan, de Erbschschleicha, de grausign. Plötzlich wead i voi zuanig und griag an Grant, wäu wia haasts: Im Tod samma oille gleich, ob reich oda oam, jung oda oid, blad oda schlaunk, schiach oda scheh, oba na, aunscheinend spüts des ned amoi im Dot, es düafats so Gstäutn wia de Regierungsräte gebn, de glaubn, dass se sogoa im Dot gleicha san wia da noamale Pöbl, so wias des heut im Leben gwohnt woan, und do frog i mi, san de Regierungsräte schena oda bessa dot ois du Schurli? Bist jetzt schlechta oda bist gleichwerdig dod? „Oba moch da kane Suagn, Schurli, fia mi bist du gleichwerdig dod, mei Haund drauf! Wäu bei mia kennans olle scheissn geh, de Gstoptn, de verfäun genauso in ena mid Seidnpoistaln ausgsottenen Hoizkistn." Jetzt stö im ma vua, waun i amoi stiab, i hob jo a no ka Begräbnisvuasorge gmocht, außerdem, wos soit scho großortiges auf mein Grobstah steh, jo, do ruht Martin Weiss, des interassiert oba ka Sau, do muas afoch a Rod hea, beispüsweise da Koigsbuagrot, na des wa a Hetz. Warum muas unsa steabn imma mit Traua und Horrormodeschau vabundn sei, warum kenn ma dem Dod ned mid an Augnzwinkan und Humoa begegna, warad jo vü schena. So wia auf mein Grobsta: links a schene Dosn Gössa eigraviat, rechts, do ruht da Koigsbuagrod, und gaunz obn: „Dieser Grabstein ist finanziert durch Produktplazierung."

I zakuglt mi jetzt scho, waun i an mein Grobstah denk und a jeda dea eam siecht, geht zum easten Moi voi lochend ausm Zentralfriedhof ham.

Cola-Rot –
Leben oder eher nicht

Ali Al Taiee

Ein Stück, eine Szene

Zwei Personen treffen sich regelmäßig vor einer Ausschenke am Gürtel. Es ist ihr Rückzugsort, wo sie sich noch ein Teil ihrer Lebendigkeit zu bewahren glauben. Der eine hat erst seit ein paar Monaten einen Job als Pfleger in einem Geriatriezentrum. Der Job hat ihn nicht verändert, sondern ihn in seinen Auffassungen eher bestärkt, was er schon immer geahnt hat: Dass Verbindungen sinnlos sind. „Aber wie soll's weitergehen?", fragt er sich immer wieder.

Der andere ist ein Schauspieler und gibt an, ein kleines Theater zu leiten – er lebt ganz in der Welt des Theaters. Beide verbindet die Liebe zum Trinken, und heute gibt es wieder Cola-Rot.

Das Leben in einer realen und einer gespielten Welt. Welche hat mehr Bedeutung? Und welche ist menschlicher? Und was ist was?

Die Würstelbude ist aus Holz.

Der Schauspieler trägt einen gelblichen Mantel und eine dunkle, abgetragene Hose, ist um die fünfzig.

Der Pfleger ist jünger, trägt einen Anorak, eine Trainingshose, Sportschuhe (Farben egal).

Zwei Sanitäter der Rettung am Ende des Stücks

Frau Anni in der Cola-Rot-Ausschenke

(In der Bude sitzt Frau Anni. Für sie gibt es nicht viel zu tun. Sie schenkt bloß immer wieder aus: Cola-Rot. Ge-

gessen wird nichts. Der Schauspieler ist bereits vor Ort, ein wenig später gesellt sich der Pfleger dazu.)

Es ist eine eher angenehme Winternacht. Zwei Uhr nachts.

(Scheinbar steht der beleuchtete Würstelstand leer. Aber Frau Anni hat am Boden zu tun, als der Schauspieler auf die Bühne kommt. Er macht eine Runde um den Stand, schaut ihn recht sonderbar an, dann lehnt er sich in die Bude hinein.)

Schauspieler: Ach, da sind Sie ja, Frau Anni. Habe schon in Erwägung gezogen, mich selbst zu bedienen. Ist doch schon überall üblich. Hoffentlich habe ich Sie nicht erschreckt, das täte mir furchtbar leid. Allerdings, was ich Ihnen schon immer sagen wollte: Tun Sie nicht auf unbeteiligt. Sie können sich da nicht hinausschwindeln. Jaja, Sie sollten es wirklich besser wissen. Es sind doch gerade Sie, die uns allen ausschenkt. Ja, das ist viel! Sogar sehr viel.

Und jetzt sehe ich erst, dass Sie auch mal danebenschütten.

Natürlich, ich weiß. Sie kämen nicht darauf: Es wären bloß einfache Inhaltsstoffe, sagen Sie sich vielleicht. Ja, die führen die Menschen ins unbekannte Reich der Sehnsüchte.

Glauben Sie mir, Frau Anni, ich brauche hier nicht zu stehen. Ich habe ja schließlich eine Wohnung. Dort habe ich es … *(Lächelt, dreht sich kurz zum Publikum.)* Jetzt hätte ich bloß romantisch anzubieten. *(Frau Anni stellt ein Glas Cola-Rot zum ihm hinaus, der Schauspieler greift sofort danach.)*

Jedenfalls da! *(Er versucht die Aufmerksamkeit stärker auf sich zu lenken, schließlich ist Frau Anni im Würstelstand wieder mit den Doppelliterflaschen beschäftigt, deshalb erschreckt er sie mit.)* Da! In der Wohnung, da kann ich mir genau das gleiche Gesöff mischen.

Ich kann mir diese ganze Prozedur hier ersparen! Die kann ich mir auch in der Wohnung geben! Was glauben Sie?! Ich habe doch auch ... Ich komm nicht unvorbereitet hierher. Ich tue mir alles, aber wirklich alles, genauestens vorrechnen. Punkt acht Uhr! Auf die Sekunde! Da schenke ich mir ein, zu Hause. Sei es, was auch komme. Und jetzt schauen wir mal auf die Zeit.

(Er schaut auf seine Armbanduhr, bringt seinen Arm näher zum Licht.)

Da haben wir es, jetzt müsste er eigentlich schon da sein. Der liebe Freund hat Verspätung. Es ist Punkt zwei. Ja aber, was ich noch sagen wollte.

Es ist wie eine ... Prüfung, Allabendlich. Jeden Tag. Aber das wissen Sie ja.

Das Furchtbarste daran ist der Weg aus der Wohnung. Überhaupt aus dieser, ich sage das Wort ungern, heraus aus dieser Kuschel-asyl-lität ... Aus ihr herauszufinden.

Die Eingangstür ist auch eine Ausgangstür! Das vergisst man immer wieder. So aber dann hat man's geschafft: endlich hier zu stehen.

Ich kann wieder atmen. Das tut gut. Ja, das tut es.

Und dann, jedes Mal am Weg hierher überfällt mich, aber auch jedes Mal das gemeinste aller Gefühle, das einen Mensch überfallen kann: Gefühllosigkeit.

So etwas zu spüren! Dass man so etwas spüren kann?! Kein Missverständnis, aber der Stoff, den Sie da ausschenken, Frau Anni *(jetzt schneller sprechend)*, ist ein Auslöser, für meinen Blick auf die mitgeschleppten ... unerträglichen, sagenhaft grauslichen, immer anhaltenden, runterziehenden, bis in alle Tiefen, wo es doch nicht mehr weiterzugehen scheint, aber immer weitergehen muss, wie man auch immer will, die Wirkung gibt den Trost, die Ursache im Schwinden, die Spannung endlich weg, die Straße ein heilsamer Ort, und man findet endlich eine kleine Ruhe. Ist schon eigenartig. *(Er macht einen Schluck.)* Das gibt einem schon Mut. So das hätte ich einmal geklärt.

Ja, die Nächte ... die haben's in sich. Die Kulissen des Tages verwandeln sich in ein Wohlgefallen. Wirklich! Ereignisreich. Das lenkt ab. Und gibt Kraft! *(Dabei erblickt er seinen ankommenden guten Freund. Der Pfleger kommt anmarschiert, gleich bestellt er sich sein Getränk.)*

Der gute Freund: Grüß Sie, servas! Fräulein, bitte, bitte, bitte! Na, Sie wissen schon, ich war, ich war immerhin vorhin, ja das war ich, ich komme nicht unvorbereitet hierher.

Schauspieler: Pünktlich, bis auf die eine oder andere Minute. Das soll Ihnen gestattet sein. Was hat der Mensch von seiner Pünktlichkeit?

Der gute Freund: Bitte!? Was er von der Pünktlichkeit hat? Sie werden es wohl gleich wissen und mir sagen!

Schauspieler: Ich habe keine Ahnung *(lacht ganz laut)*.

Der gute Freund: Ganz schön drauf heute, das heißt, der Tag ist ja erst so jung auch.

Schauspieler: Ach, wenn es gestattet ist, immer sagen die Menschen zu allem auch. Das gesellt sich so gern in einen Satz hinein. Das ist eine besondere Errungenschaft: die Geselligkeit so auch das Gut-Draufsein! Jetzt habe ich's auch gebraucht, ach, und auch schon wieder. Wieder! Widerlich. Es kommt von weit her.

Der gute Freund: Darf man auch fragen … von wo auch?

Schauspieler: Aber schauen Sie, das habe ich Ihnen insgeheim schon letztes Mal begreiflich machen wollen. Sie haben doch Talent. Was habe ich … *(trinkt)* … Letztes Mal habe ich Ihnen doch nachgeschrien! „Das Theater!", habe ich geschrien, „das Theater und nochmals das Theater!" *(macht noch einen Schluck).*

Und wenn Sie sich noch erinnern, nicht der Heurige, auch nicht Buschenschenke, oder Saufrummelplatz, danach habe ich nicht gerufen! Aber da waren Sie ja schon über der Straße. Dieser Zustand *(lacht)*, gut sein zu sich selbst: Vom Spritzwein allein kommt das nicht. Ja, die Leute, die glauben, das Gute muss sie erst überfallen, oder es sei zu erzwingen. Wie das geschehen soll? Wenn alles nur vom Spielen kommt. Aus dem Spiel kommt die Bewegung und somit auch alles andere, was der Mensch braucht, um sich mehr als nur immer bloß wohlzufühlen.

Nur davon! Und auch dadurch. Und das findet auf der Bühne statt! Wo immer sie auch sein mag. Doch eigentlich nur am Theater.

Der gute Freund: Mag sein, aber?!

Schauspieler: Aber, aber, aber! Wollen wir trinken! Was trinken Sie? Diese Runde geht auf mich.

Der gute Freund: Ja, Cola-Rot.

Schauspieler: Cola-Rot. Da haben Sie's gehört, Frau Anniii. Einmal mehr Cola-Rot, wie gestern, wie heute, wie immer. Zwei Mal.
(Beide halten dann ihre Getränke in den Händen.)
Cola-Rot. Ich muss schon sagen. Wenn das nicht die Vereinigung des Bolschewismus mit der westlichen kapitalistischen Gesellschaft darstellt. *(Er lacht.)*

Der gute Freund: Das ist einfach die Vereinigung von zwei Getränken, die zuerst nichts voneinander wissen wollten. So sehe ich das. Das ist eine Versöhnung zwischen Alkohol und Nicht-Alkohol. Zwischen jung sein und alt werden. Ein Beruhigungstee eben.
(Während der gute Freund das sagt, spricht der Schauspieler recht verwundert zu sich:)

Schauspieler: Bullshit, Bullshitismen, Bolschewismus, Buddhismus, Bullshititsmus … ja, Vermischung ist gut. Vereinigung ist schlecht. Die rote Farbe aus der Vergangenheitsbewältigung des Kommunismus. Wenn man da an Einheitspreise am Theater denkt. Für alle! Gleich! Ist doch komisch, wo doch keiner dem anderen gleicht. Gerade an Zwillingen ist es am deutlichsten auszumachen. Ich meine, der eine sitzt da und der andere eben da. Einer ist rechts, einer wieder links von dem anderen. Aber Einheitspreise, Preise! Eintrittskarten nur für die bravsten Genossen im

Staate, das waren vielleicht Zeiten, der reinste Tod fürs Theater *(schwenkt mit dem Fuß)*. Bei uns wird man nicht hineingebeten, sondern hinausgebeten, Austritt statt Eintritt.

Aber das Kino. Das Kino ist der Tod für jeden, deshalb gehen kaum noch Leute hin. Für jeden, der aus seinem Geist etwas machen will, mein Lieber, ist das Kino der Tod natürlich. Naturgemäß immer rein geistig gesehen. Manipulation der Augen, das findet im Kino beim Film statt.

Und das Cola? Eine kleine Freiheitsstatue für jeden, für seinen Kühlschrank *(haut mit der Hand auf die Theke des Würstelstands)*. Das ist sehr raffiniert. Das hat den Kommunismus eben umgebracht!

Das Nirwana, wortwörtlich, die selige Ruhe des Kapitalismus, mein lieber Freund, ist der Kommunismus. Ausschalten jeder Art an Konkurrenz …!

Nachdem das vollzogen ist, tun und lassen, was man will. Der Konsument muss es sowieso schlucken. *(Er trinkt.)* Aber zum Glück behält der Konsument noch für eine Zeit die Oberhand. Der Konsument braucht schließlich Klopapier. Mein guter Freund, verstehen Sie überhaupt, was ich Ihnen sagen will?

Ich darf Sie doch guter Freund nennen. Ich glaube, mich erinnern zu können, Sie auch gestern so genannt zu haben. Was bleibt einem heutzutage übrig, als seinen Nächsten, lieber oder guter Freund zu nennen, rein aus Alltagskälte. Also, mein lieber Freund, trinken wir auf den Sieg des … Kapitalismus, über jede andere Art der Arterhaltung. Trinken wir auf Cola-Rot.

Die wahre Limonade des Westens. *(Salutiert, schüttet dabei fast die Hälfte seines Glases aus. Der gute Freund trinkt mit.)*

(Ein junger Typ mit einem elektrischen Roller fährt quer über die Bühne.)

Unbegreiflich! Immer wieder unbegreiflich.

Der gute Freund: Mich hat die Politik nie interessiert. Aber ein ausgeschüttetes Glas schon. Für die Körpersäfte kann sich das verheerend auswirken. Für die Körpersäfte. Ist ja schließlich ein Beruhigungstee, so ein Getränk. Meine Großmutter sagt immer: „Einen richtigen Mann, den erkennt man an der Art, wie er sein Glas hält."

Schauspieler: So, hat Sie das gesagt, eine durchaus beachtenswerte Frau. Was gibt die Oma sonst von sich?

Der gute Freund: *(Er spricht ganz langsam und innerlich.)* Meine Großmutter gibt noch immer Nachhilfeunterricht, und ich erinnere mich, dass sie gemeint hat, also sie sagte: Dass … Weil Sie sprachen doch vom Kommunismus, dazu meint meine Oma, dass es hier in Wien den Karl-Marx-Hof gibt, während in Ostdeutschland, da war auch so ein, eigentlich eine Stadt …

Schauspieler: Jaja, nun kommen Sie, sprechen Sie schon. Was will Ihre Oma gesagt haben?

Der gute Freund: Genau, sie hat's ja schon gesagt. Also dort drüben gibt es die Stadt einfach nicht mehr. Die heißt, die heißt jetzt wieder anders. Jena heißt sie.

Schauspieler: Welche Stadt?

Der gute Freund: Jene Stadt, die jetzt Jena heißt. Die einst so hieß wie der Herr, nach dem hier der Gebäudekomplex benannt wird ... wurde.

Schauspieler: Was für ein Komplex?! Aber die hieß schon immer Jena. Chemnitz, mein guter Freund, Chemnitz, das ist Karl-Marx-Stadt. Das war Karl-Marx-Stadt. Und? Was will Ihnen Ihre Oma damit sagen?

Der gute Freund: Das, ah, ich weiß nicht, wahrscheinlich, so, dass ... nicht überall alles sich in der gleichen Weise verändert.

Schauspieler: Ja und?

Der gute Freund: Das ist doch eine schöne Erkenntnis *(nickt mehrmals mit dem Kopf, trinkt).*
So ein Cola-Rot, das wird immer so heißen. Ich mein, das ist doch gut zu wissen. Weil ... man kann das nicht einfach umdrehen. Ich kann nicht sagen: Rot-Cola. Das würde ja nur bedeuten, dass das Cola rot ist. Ich meine: Ein Beruhigungstee wäre das nicht mehr.

Schauspieler: Was haben Sie da mit Ihrem Beruhigungstee? Das Leben ist Aufregung! Haben Sie das noch nicht begriffen? *(Pause)* Ja, gehen Sie denn nie ins Theater?

Der gute Freund: Aufregung schon. Aber so ein Beruhigungstee hat 'mal seine Wirkung. Die anderen, die trinken, um ins Koma zu fallen. Ich trinke, um wach zu bleiben, gerade umgekehrt. Ich falle ins Koma, wenn ich aufs Trinken vergesse.

Schauspieler: Eine interessante These.

Der gute Freund: Das ist keine These, das ist reinste, angewandte Theorie, die pure Realität.

Schauspieler: Sie mögen es ja gar nicht. *(Pause)* Ich meine, ist das für Sie Arbeit? Cola-Rot! Ist doch nicht möglich. Das ist doch keine Freizeitgestaltung: einfach solche Alko-Limos zu trinken.

Der gute Freund: Es ist nur deshalb, weil es so unheimlich verfügbar ist *(fast weinerlich)*. Es gibt so viel davon. Ich glaube immer alles austrinken zu müssen. Aber es hört nie auf. Es hört nie auf. *(Der gute Freund hält sich plötzlich an der Strickjacke des Schauspielers fest.)* Es gibt einfach zu viel davon.

Schauspieler: Jetzt reißen Sie sich zusammen. So geht das nicht. Lassen Sie das! Lassen Sie das! Lassen Sie los! Das ist immerhin noch eine Arbeitsweste. Darauf nimmt man Rücksicht. Das sollten Sie eigentlich wissen.
   Mein guter Freund, haben Sie denn nie in Erwägung gezogen, sich eine ... Freundin zuzulegen? So eine Person kann wahre Wunder wirken, wahre Wunder! Wundern Sie sich nicht.

Der gute Freund: Wundern tue ich mich eh nicht. Was glauben Sie, woher das Trinken kommt? Eine Frau bewahrt dich vor der Trinkquelle, und man hat Durst. Und die Frau verlässt einen und da ist man wieder, steht an der Trinkquelle mit noch mehr Durst. Das ist ein furchtbares Dilemma. Ein Dilemma, ein furchtbares, ist das.

Schauspieler: Sehen Sie! Und deshalb sollten Sie ins Theater gehen. Schneiden Sie den Kreislauf des Primitiven aus sich heraus.

Bilden Sie sich, damit Sie sich vor ihrer eigenen Einbildung schützen können.

Jeder Mensch braucht Spannung als auch Schutz, natürlich.

Sie sollten wissen, mein lieber Freund, dass das Theater einem genau dieses Quantum … na, sagen wir nicht gerade an großer Liebe, aber eine gewisse Konzentration davon – also auf alle Fälle, jene Menge, die einem durch die Jahre verlorengeht, ersetzt wird im Theater. Und daraus werden Sie sich wie neugeboren fühlen und fangen an, sich endlich zu pflegen. Fangen Sie an, pflegen Sie sich!

Der gute Freund: Ich bin Pfleger. Und Sie machen Geschäfte mit dem Unglück? Ich muss wieder. Fräulein, nochmal …!

Schauspieler: Was für ein Geschäft, was für ein Unglück!? Nein, Sie sollten sich pflegen, kulturell gesehen, natürlich. Begreifen! Greifen Sie nach den wahren Inhalten. Sie sollten wirklich damit anfangen. Und kooperieren Sie mit anderen.

Wissen Sie … in unserem Theater, na ja, da kommen hin und wieder auch ganz ansehnlich nette Damen. Aber darum geht es doch gar nicht. Glauben Sie mir, nicht nur Sie sehen die Welt, wie sie ist? Jaaa! Jeder. Jeder sieht sie zuerst einmal so. Nur die richtige Schlussfolgerung, die wird nicht gezogen. Nein, die wird einfach nicht gezogen!!!

Schauen Sie sich mal um!

Überall ... na, was? Werbung ist überall! Vollgepflastert ist die Welt davon?! Und vereinnahmt alle Menschen. Und was sie uns am Ende beschert?! Teilnahmslosigkeit, mein Lieber, unendliche Teilnahmslosigkeit!

Das degradiert zum stillen teilnahmslosen Teilhaber eines Nichts! Mit anderen Worten – zum Objekt im Gewand einer Litfaßsäule steht man mit sich selbst da.

Entführen ist keine Kunst. Die Kunst ist zu führen.

Ein Theater ist der ideale Ort dafür. Schulen, Ausbildungsstätten führen dich nur sicher in die Stätten der Leere. Sie haben keinen Bildungsanspruch, dafür einen Ausbildungsanspruch. Mehr wollen die Leute gar nicht.

Das Theater führt dich in eine Gefahrenzone, in die Gefahrenzone schlechthin. Fast wie in einer ... wie in einer, einer Kirche, wäre mir jetzt eingefallen, was sagen Sie, mein Guter?! Och ja, weil in Kirchen kriegt man's doch auch mit der Angst zu tun *(lachend)*. Wenn ich an den ganzen Kitsch denke, der diese Orte des Glaubens behaust.

Nach der Vorstellung in meinem Theater stehe ich allabendlich fast wie ein Kirchenpfarrer am kleinen Ausgang. Ja, da müssen wohl alle dran glauben, mir entkommt keiner.

Ich stell mich hin und drücke jedem Besucher fest die Hand.

Nein, zu Wort kommen die nicht, ich bin kein Dorfpfarrer, mich braucht man nicht zu loben, wie sehr es einem gefallen hat. Die Vorstellung hat zu gefallen! Aus einem Gefühl an Mitgefühl drücke ich jedem die Hand und schicke die entsprechende Botschaft auf den Weg. Dabei schaue ich meinem Gegenüber in die Augen und sage ... *(Er übergibt sein Glas dem guten Freund.)* Mein guter Freund, halten Sie einmal. Ich nehme beide Hände und mittendrin, die eines Zuschauers, und beginne zu schütteln.

(Frau Anni ist neugierig und hört zu.)

Zuerst eher sanft und dann immer schneller und schneller ... Und dann halt ich an – und sage ganz einfühlsam. Einfühlsam, das ist wichtig: Vergessen Sie nicht, was Sie gesehen und gehört haben, vergessen Sie es nicht und erzählen Sie es weiter; ihren Kindern, ihren Freunden, ihren Kollegen aus der Arbeit. Und dann sage ich: Erst jetzt beginnt die wahre Aufführung. Sie findet in ihrem Kopf statt.

Der gute Freund: Ich kann da nur als Zaungast dienen.

Der Schauspieler: Ja, die Zaungäste, die sind mir die Allerliebsten *(kichert)*.

Der gute Freund: Ich kann darüber berichten, wie die Welt für mich aussieht, wenn ich von der Arbeit nach Hause gehe. Dass scheinbar nicht nur ich, auch andere, vor allem die um mich herum, den gleichen Blick drauf haben, den man so hat, wenn die Uhrzeit endlich einen Frieden mit einem macht. Komischerweise ist der nicht viel anders, der Ausdruck, wie der frühmorgens vor der Arbeit. Arbeitszeit ist gut gesagt, zehn bis zwölf Stunden sind es.

Ich weiß nicht, was die anderen so tun, aber ich muss Hintern auswischen und die restlichen Körperteile pflegen, so rund zehn Stunden. *(Der Schauspieler kichert und spuckt.)* Da, wo ich arbeite, liegen Menschen herum, die nie von ihren Angehörigen besucht werden, so bin ich auch Familienersatz. Alle da drin warten, nicht mehr oder weniger auf ... wie nennt man die Stelle auf der Bühne? ...

Der Schauspieler: Was meinen Sie? Welche Stelle, um Himmelswillen *(hupft)*.

Der gute Freund: Nein ... die Stelle, wo der Boden sich unter den Füßen ... *(leise)* auftut.

Der Schauspieler: Um Gottes Willen. Ah, Sie meinen die Falltür. Ja, damit kann ich auch dienen. Aber an unserem Theater wird keiner auf diese Weise entlassen.

Der gute Freund: Genau an diesem Fleck aber arbeite ich im Pflegeheim. Da stehe ich und pflege, aber nicht mich, sondern den zu erlösenden, und das dauert, bis es dann doch passiert und endlich – der alte Mensch ist im Erdgeschoss, wenn nicht sogar im Keller. Er ist weg aus dieser Welt und ich habe meinen Pflegebeitrag geleistet. Habe ihm gar die notwendigen Hoffnungen gemacht.
(Laut) Da halte ich auch die Hände so wie Sie! Nicht zum Gruß, aber durchaus zur Verführung. Mit dem einzigen Trost, es wäre bald geschafft und vorbei. So ein letzter, tröstlicher Gruß nennt man Treue!!! *(Schreiend. Schauspieler und Frau Anni wirken verwundert.)*

Also, wenn so ein Mensch, der aus unserer Welt verstoßen wird, dann durch die Falltür bei uns im Pflegeheim saust, ja!!! Da gibt's kein Winken oder gar Applaus, und der ganze Zauber, der plättet sich bloß auf. Das ist einfach normaler Alltag! Verstehen Sie? Alltag! *(Schaut den Schauspieler an:)* Alltag! Alltag!! Tag!!! Taktak, hahaha *(imitiert Lachen und schreit)*. Anfangs konnte ich mich nicht daran gewöhnen, aber jetzt, nach der so vielten Vorstellung.

Im Leben geht es darum, dass man sich eingesteht, kein besserer Mensch zu sein als die anderen um einen herum.

Das konnte ich mir früher nicht vorstellen. Was heißt vorstellen, ich konnte es nicht akzeptieren! Ich dachte, ich wäre für Höheres geschaffen. Daran habe ich geglaubt, an das Höhere. Vor allem an jenes in mir.

Ich bin froh, es jetzt anders zu sehen *(trinkt)*.

Schauspieler: Also, das ist entsetzlich. Schämen Sie sich! Sie scheinen von Ihrem … Job vollkommen aufgesaugt zu werden. Beschämend und ungesund ist das, mein Lieber.

Nur was gesund ist, hält uns gesund. Das hat nichts mit Sauberkeit und Pflegerei zu tun. Ich meine, Geld verdienen, das müssen wir, mehr oder weniger … Die meisten halt, aber davon geht die Welt nicht unter. Bekehren Sie sich und glauben Sie wieder an das Höhere in Ihnen. Malen Sie, schreiben Sie, gehen Sie ins Theater. Um Himmels Willen, geben Sie sich nicht so hin. Sie sind doch jung.

Der gute Freund: Gerade durch das Geld geht die Welt unter.

(Frau Anni klatscht im Hintergrund.)

Schauspieler: Ich weiß, dass in Ihnen etwas steckt. Und das will hinaus! Das will raus!!! Wenn das nicht herauskommt, was in Ihnen steckt … *(Pause)* werden Sie ein unglücklicher Mensch. Das kann ich Ihnen jetzt schon prophezeien.

Es ist nie zu spät, nie zu spät für einen Neuanfang.

Der gute Freund: Ich sehnte mich nach Frieden und doch bekam ich ihn nicht.

Und den Seelenfrieden, den man sich zum Ende seines Lebens wünscht, den werde ich auch nicht bekommen, da bin ich mir schon sicher.

So führt es mich in einen Krieg.

Da muss ich wieder an meinen Beruhigungstee denken. Was glauben Sie …? *(Jetzt merkt er erst, dass der Schauspieler gar nicht bei ihm ist und auch nicht zuhört.)*

Wenn ich in so einem Abstellraum für Menschen eintrete! Was mich da für Luftzugsgefühle ereilen. Luftzugsgefühle!!! An denen könnte man sterbenskrank ersticken. Allein dieser tägliche Gestank der Kantine, der da einhergeht. Ich bereite mir die Arbeitshandschuhe vor, und genau in dem Moment verwandele ich mich in einen anderen Menschen. Nämlich in diese so schwer schlüpfrigen Handschuhe und ihre vollkommene Künstlichkeit töten jegliche, liebgewonnene Unzufriedenheit bei mir ab.

Während die Schwestern … wie kam man dazu, solche Personen im Spital nur Schwestern zu nennen? Also, während diese … weibliche Bediensteten alles dort bereits als normal zu achten scheinen, fühle ich mich geradezu in einem Dämmerzustand. Denn jedes Mal, nachdem ich mir diese Handschuhe anlege, und ich mich durch dieses furchtbare Material und dem Geruch nach Desinfektionsmittel, das an mir bis hin zum nächsten Dienst zu haften bleibt … *(Er schnuppert an seiner Hand.)* Ja, es riecht noch immer nach Spital, dieser Anstaltsgeruch.

So genau wie diese ganze Künstlichkeit, die dort mehr als nur inszeniert wird, und mich selbst desinfiziert. Und wie die erbleichten Gesichter der Schwestern, denen das Winseln und Geschrei der Alten und deren Verwirrung und alles andere Unerträgliche, als absolut erträglich, wenn nicht sogar als angenehme Untermalungsmusik, inmitten ihres eigenen Gequatsches angenommen wird, werde ich, der sensible Mensch, der Gebrechlichste aller Gebrechlichen, ganz zum Roboter und Handlanger eines Staatsapparates. Ich werde auch zu einem kalten Wesen. Ja, das werde ich. Es ist unerträglich. Ich beginne zu schreien, ich schreie wie ein kleines Kind, das man vergessen hat aus der Schule abzuholen. Denn ich schreie eigentlich: *(leise)* „Ma-ma!" Aber … so was gibt man ja nicht zu.

Und im Pflegeheim rührt sich ja doch nichts, sind doch alle in ihren Betten sterbenskrank. Und ich beginne sogar zu lachen und weiß nicht, warum, aber mit den Plastikfingern, die wackeln ganz von selbst, dass man nur so staunt, wie dieser blöde Vogeltanz schaut das aus *(lächelt)*. Aber für eine Legebatterie, wo sich bei Weitem niemand zu rühren wagt, aber eigentlich nicht kann. Und alle liegen und warten und warten … Und geerntet wird nur … ein neues frisches Bett.

Ganz Weiß *(breitet die Arme aus, das Glas fällt ihm zu Boden)*.

Schauspieler: Das ist ja großartig, mein Freund. *(Er klatscht.)* Großartig. Bravo! Bravo! Sie sollten ans Theater. Nein, nein, nein, wirklich. Denn Sie kommen mit dem Leben nicht zurecht. So jemanden könnten wir brauchen.

Als ob du da warst, sehe ich in den Tag

Rudolf Krieger

so als ob du da warst
sehe ich in den Tag
als würde dein Blick
aus der Straße heraustreten
in seiner zärtlichen Berührung als eine Grenze
und mir zublinzeln
deine Hand aus Luft
gläsern zerbrechlich
an meine Haare rühren
fast wie ein zarter Wind
der zarter noch
verkleidet als hellrotes Gefieder
meine Lippen benetzt
fast so
als würden die Zeilen dich schreiben
als sehe ich dich in meinen Tag
ja so
als würde ich eine Welt betreten
die zu diesem Zeitpunkt
ihre Blütenblätter einem Tag öffnet
an dem du nicht bei mir warst
als hätte mein Tag seine Form verloren
in dir gefunden

Rudolf Krieger, 11. Januar 2014

Am Abend füllt die Nacht ihre Sprache auf

Gestern Nacht sprach noch einschlafend ein Bild in mir, sprach in papierenen Tönen: Sonnenuntergang oder Nacht!

Der Tag spannt noch einmal, schon fast unsichtbar, sein Licht über das Gesicht des Abends, durch das er wie der Tau in den Morgen rollen will.

Der Abend erzählt von verblassenden Bildern, schreibt unsichtbar am Märchen des Lebens.

Der Fluss rinnt hinein in den lautlosen Horizont seiner Richtung, die sich von den Schatten des Tages loslöst.

Herzen, die noch mit ihm lauschen, verzweigen sich in einem einzigen Schemen seiner Arme.

Bäume schlüpfen erschöpft aus unsichtbaren Schuhen allmählich in Kronen den leichten Himmel empor.

Der Schleier vorm Wald lässt sein schillerndes Gefilde fallen und zieht tief sich in seine Dichte zurück.

Ein Glas nimmt den letzten Schluck der Durchsichtigkeit von der Nacht an, spricht Worte, die nur noch von ihr verstanden.

Langsam ziehen die Berge den Reißverschluss ihrer Hügelkuppen zu, sie wollen nun doch schon schlafen gehen.

Im Licht zwischendrin verstummen die Strahlen der Sonne in kleinen, schimmernden Wölkchen, die in einem noch leisen Rhythmus pochen.

Das Gewölbe im Sack malt seinen Inhalt in dunklen Farben aus, die schwarz am Himmel austrocknen.

Die Müdigkeit in sich schließenden Lidern tropft aus dem Unendlichen in Träume, die Augen im Schlaf erfüllen.

Sterne benetzen den Glanz des Himmels entlang (empor), sammeln behutsam Küsse im flatternden Mund ihrer Zeichen.

Körper dehnen sich bis in die Füße der Berge, reiten sein Rückgrat entlang in seine Gischt Gipfel, die das Meer in Spiegeln auffächert.

Es piekst ein Geräusch flatternd am Fenster vorbei und die Traumzone fliegt mit ihm durch die Zeit der Seele.

Da flüstert mir mein Bild in die Nacht hinein: Komm, komm, mach schnell und säusle nicht! Da vorne, da vorne, siehst du es nicht, da murmelt dein Traum!

Rudolf Krieger, 12. Februar 2020

Danksagung

Dies ist die Dokumentation der jeweils prämierten Beiträge zum *Fit for Life – Literaturpreis für Suchtkranke* aus den ersten fünf Jahren seines Bestehens.

Der Verein *Fit for life – Literaturpreis für Suchtkranke* dankt den Personen und Organisationen, die zum Gelingen von Herausgabe und Gestaltung dieser Anthologie beigetragen haben.

- Der Stiftung Anton Proksch-Institut und der Geschäftsführung Mag. Gabriele Gottwald-Nathaniel
- Dem „Grünen Kreis" und Dir. Alfred Rohrhofer
- Herrn Kurt Neuhold für seine unermüdliche Tätigkeit für die organisatorischen Abläufe und in der Betreuung der einreichenden Personen
- Der ehrenamtlich tätigen Jury Manfred Chobot, Margit Niederhuber, Gerhard Ruiss und Joachim J. Vötter
- Frau Mag. Birgitta Schiller und Prof. Dr. Kathrin Mörtl (Sigmund Freud PrivatUniversität) für die Begleitforschung
- Den Therapie- und Beratungseinrichtungen, die sich zur Unterstützung durch den Kauf einer größeren Anzahl von Exemplaren bereiterklärt haben

- Dem BUCHER Verlag Hohenems für Gestaltung, Druck und Vertrieb
- Und allen jenen, die das Engagement und den Mut aufgebracht haben, sich am Wettbewerb zu beteiligen und nicht nur ihre literarischen Qualitäten, sondern auch ihre Suchtproblematik ins Licht der Öffentlichkeit zu stellen

Anmerkung der Herausgeber

Viele Texte sind von autobiografischen Erfahrungen inspiriert, die mit den Ausdrucksmöglichkeiten der Literatur verfremdet, bearbeitet und auch verarbeitet wurden. Die abgedruckten Werke sind keine Bekenntnistexte mit fragwürdigem Wahrheitsanspruch, sondern bemühen sich um literarische Qualität.

Uns ist es wichtig darauf hinzuweisen, dass alle in den Texten dargestellten Handlungen frei erfunden sind und jede Ähnlichkeit mit lebenden oder verstorbenen Personen rein zufällig wäre.

Alle Autorinnen und Autoren sind mit der Veröffentlichung ihres Werkes in dieser Anthologie einverstanden.

Der Verein *Grüner Kreis* – die Wichtigkeit des kreativen Ausdrucks in der Suchttherapie

Der Verein *Grüner Kreis* wurde 1983 gegründet und feiert damit im Jahr 2023 sein 40-jähriges Jubiläum. *Grüner Kreis* meint(e) damals wie heute: hinaus aus dem suchtbelasteten Umfeld und zurück zur Natur, hinein in ein (nach-)nährendes therapeutisches Setting. Der Verein bietet Hilfe bei allen Formen von Suchterkrankungen, sowohl im ambulanten als auch im stationären Raum. Durch alternative Beziehungserfahrungen in der Therapeutischen Gemeinschaft (TG) soll ein Überwinden der Suchterkrankung ermöglicht werden. Basierend auf dem bio-psycho-sozialen Modell von Gesundheit und Krankheit und den Grundkonzepten der TG hat der Verein ein 4-Säulenmodell der Behandlung entwickelt: „Medizinische Betreuung", „Klinische Psychologie und Psychotherapie", „Beschäftigungs- und Soziotherapie" – die vierte Säule betrifft den Bereich „Aktive Freizeit", in dem kreatives Arbeiten, wie z. B. Malen, Musizieren oder auch das Schreiben von eigenen Texten, gefördert wird. Die eigene Sucht-Biografie kann Teil des literarischen Schaffens werden und somit zur Aufarbeitung von kränkenden Erfahrungen dienen. Dementsprechend unterstützt der *Grüne Kreis* gerne die Aktivitäten des Vereins *Fit for life* und gratuliert herzlich zur vorliegenden Buchpublikation.

Der Verein und der Preis

Der Verein *Fit for life – Literaturpreis für Suchtkranke*, dessen Tätigkeit nicht auf Gewinn gerichtet ist, bezweckt die Förderung schriftstellerisch tätiger Menschen mit einer Suchtproblematik.

Die Beschäftigung mit Kunst und Kultur im spezifischen Kontext von Abhängigkeitserkrankungen soll gefördert und eine differenzierte öffentliche Auseinandersetzung zu Themen der Sucht und Abhängigkeit ermöglicht werden. Um die Kommunikation zwischen Betroffenen, dem Betreuungssystem und der kunstinteressierten Öffentlichkeit zu unterstützen, organisiert der Verein die Einreichung und Vergabe des *Fit for Life – Literaturpreises* und darüber hinaus Vorträge, Diskussionen, Workshops, Lesungen und Ausstellungen. Neben der Kooperation mit nationalen und internationalen Kunst- und Kulturinstitutionen und Initiativen wird sich der Verein um die Publikation von Informationsmaterialien und Anthologien und um die Einrichtung und Führung eines Textarchives bemühen.

Der Wettbewerb ist thematisch offen.

Die literarische Bearbeitung der Alkohol- bzw. Suchtthematik kann eine Rolle spielen, ist jedoch keineswegs eine Voraussetzung für die Einreichung eines Textes.

Deutschsprachige Texte jeder literarischen Gattung (Prosa, Lyrik, Essay, dramatische Texte ...) sind zur Teilnahme zugelassen.

Die Texte müssen in elektronischer Form (als Word-Dokument oder in vergleichbarer Version) eingereicht werden.

Die maximale Textlänge beträgt ca. 20 000 Zeichen (ohne Leerzeichen).

Der Einsendeschluss für den Preis 2023 ist am 28. Februar 2023.

Weiterführende Informationen unter:
www.fitforlife-literatur.at

Für alle Herzen,
die sehen und hören

Bettina Mantz

leben | lieben | sterben

Trost & Erkenntnis

»Viele Jahre arbeitete ich in der Kranken- und Sterbebegleitung, und was ich hier erlebte, sprengt alle Vorstellung. Mir begegneten Männer, Frauen und Kinder, Menschen, wie Sie und ich – alle mit ihrer unvergleichbaren und oft dramatischen Geschichte. Viele größere und kleinere Helden, die ihr Leben irgendwie meisterten – weil sie es mussten. Wer Sterbende und ihre Angehörigen – Menschen in seelischen Notlagen – begleitet, lernt viel über das Menschsein und das Leben. Das war der Grund, warum ich irgendwann begann, Notizbücher bei mir zu tragen und all diese Botschaften, Erkenntnisse und Gedanken aufzuschreiben. Das tat ich fast zwölf Jahre lang.«

Sorge dafür, dass du Goldstaub an dir trägst, damit jeder, der mit dir in Berührung kommt, ein wenig glitzert, wenn er wieder von dir weggeht.

1. Auflage • Hardcover • 336 Seiten • 11,6 x 18 cm • ISBN 978-3-99018-657-2

BUCHER Verlag   Hohenems – Vaduz – München – Zürich   **www.bucherverlag.com**

Ein Ratgeber darüber, wie echtes Verstehen gelingen kann

Verstandenwerden ist wie Heimkommen. In unseren Gesprächen geht es darum, Verständigung zu erzielen.

Ursula Wilhelm

Die Brücke vom Verstehen zum Verstandenwerden

Wie echtes Verstehen gelingen kann

Wir alle führen täglich viele Gespräche. Manchmal werden wir missverstanden, falsch verstanden oder gar nicht verstanden. Wir Menschen möchten verstehen und wünschen uns, verstanden zu werden. Wie aber funktioniert Kommunikation, wie gelingt Verständigung? Das Buch will neben Basiswissen der Kommunikation vor allem die Brücke zu echtem Verstehen bauen und Inspiration sein für das großartige Gefühl, wenn wir wirklich verstanden werden.

1. Auflage • HC mit Schutzumschlag • 136 Seiten • ISBN 978-3-99018-637-4

 BUCHER Verlag   Hohenems – Vaduz – München – Zürich   **www.bucherverlag.com**